Écrit par Gemma Lowe et Katrina Pallant
Traduit par Mathieu Auverdin
Design de Richie Hull
Design de la couverture par Maddox Philipot
Illustré par Dan Crisp

Édité par Hachette Livre - 43 quai de Grenelle, 75905 Paris Cedex 15
Imprimé par Estella Graficas en Espagne - Achevé d'imprimer : mars 2015
ISBN : 978-2-01-259619-1 - Édition : 02 - Dépôt légal : février 2015
Loi n°49-956 du 16 juillet 1949 sur les publications destinées à la jeunesse.

Pour tout renseignement concernant nos parutions, nous contacter par téléphone
au 01 43 92 38 88 ou par e-mail : disney@hachette-livre.fr

Pour l'éditeur, le principe est d'utiliser des papiers composés
de fibres naturelles, renouvelables, recyclables et fabriquées à partir de bois issus
de forêts qui adoptent un système d'aménagement durable. En outre, l'éditeur attend
de ses fournisseurs de papier qu'ils s'inscrivent dans une démarche de certification
environnementale reconnue.

GUIDE COLLECTOR STAR WARS™

L'AVÈNEMENT ET LA CHUTE D'ANAKIN SKYWALKER

ABY = Antérieur à la Bataille de Yavin
PBY = Postérieur à la Bataille de Yavin

32 ABY

Deux Jedi découvrent le jeune Anakin Skywalker sur Tatooine. Il serait l'Élu qui restaurera l'équilibre dans la Force.

22 à 19 ABY

La Guerre des Clones a été déclenchée, amplifiée et a finalement pris fin à cause du seigneur Sith Dark Sidious qui voulait dominer la galaxie et éradiquer l'ordre Jedi.

Anakin devient un chevalier Jedi et se lie d'amitié avec Palpatine, le chancelier suprême de la République.

ÉPISODE I
LA MENACE FANTÔME

ÉPISODE II
L'ATTAQUE DES CLONES

ÉPISODE III
LA REVANCHE DES SITH

22 ABY

Après avoir été formé comme padawan par Obi-Wan Kenobi, Anakin retourne sur sa planète et découvre que sa mère a été tuée. Sa rage le pousse à massacrer un village de pillards Tusken.

Anakin a eu pour mission de protéger la sénatrice Amidala. Ils sont tombés amoureux et se sont mariés en secret.

19 PBY

Anakin tue le comte Dooku, un ancien maître Jedi qui a succombé au côté obscur.

Palpatine est en fait Dark Sidious ! Il se proclame Empereur et attire Anakin vers le côté obscur.

Anakin devient Dark Vador et aide son nouveau maître à se débarrasser des Jedi.

Obi-Wan blesse grièvement Dark Vador lors d'un duel.

La sénatrice Amidala donne naissance à des jumeaux : Luke et Leia Skywalker.

Obi-Wan cache Luke sur Tatooine et Leia auprès du sénateur Bail Organa afin de les protéger de Dark Sidious.

LA BATAILLE DE YAVIN

Cette bataille, l'une des premières victoires de la Rébellion, a été un événement majeur de la guerre civile galactique.

3 PBY

- L'Empire attaque la base rebelle de Hoth.
- Vador décide de capturer Luke pour le convertir au côté obscur.
- Palpatine révèle à Vador que Luke est son fils et qu'il a fait exploser l'Étoile Noire.
- Dark Vador coupe le bras de Luke avant de lui révéler qu'il est en fait son père.

ÉPISODE IV UN NOUVEL ESPOIR

ÉPISODE V L'EMPIRE CONTRE-ATTAQUE

ÉPISODE VI LE RETOUR DU JEDI

0 PBY

0 ABY

- Les plans de l'arme la plus puissante de l'Empire, l'Étoile Noire, sont volés par la princesse Leia et l'Alliance rebelle, mais Dark Vador la rattrape et la capture.
- L'Étoile Noire détruit Alderaan.
- Dark Vador tue son ancien maître, Obi-Wan Kenobi.
- Luke aide Obi-Wan à apporter les plans à l'Alliance. Il s'entraîne pour devenir un Jedi, tout comme son père et Obi-Wan lui donne le sabre laser de ce dernier.
- Avec l'aide de Han Solo, Luke échappe à Dark Vador et détruit l'Étoile Noire.

4 PBY

- Luke Skywalker révèle à Leia qu'ils sont frère et sœur et que Dark Vador est leur père. Il part ensuite affronter le Sith seul.
- Dark Vador tue Palpatine pour sauver son fils puis meurt après être redevenu un Jedi.
- Après un duel acharné, Luke vainc Dark Vador et celui-ci se rachète.
- La prophétie de l'Élu est ainsi réalisée puisqu'il restaure l'équilibre dans la Force.

BIENVENUE DANS LA RÉPUBLIQUE GALACTIQUE

Les milliers de mondes de la République Galactique sont en ébullition, y compris la paisible planète Naboo, à qui la Fédération du Commerce a imposé, avec ses redoutables vaisseaux de guerre, un blocus afin d'obtenir plus d'argent. Le Sénat Galactique a envoyé deux chevaliers Jedi, gardiens de la paix et de la justice, pour négocier : le maître Jedi Qui-Gon Jinn et son jeune padawan Obi-Wan Kenobi.

— J'ai un mauvais pressentiment, déclare Obi-Wan alors qu'ils attendent à bord du vaisseau de la Fédération.

— Ne te focalise pas sur tes inquiétudes, Obi-Wan. Ton esprit doit rester concentré sur ce qui se joue ici et maintenant, le reprend son maître.

Pendant ce temps, le vice-roi de la Fédération du Commerce, Nute Gunray, s'entretient avec son allié secret, le seigneur Sith, Dark Sidious. Celui-ci désire envahir Naboo et lui ordonne de tuer les Jedi. Gunray ordonne la destruction du vaisseau des chevaliers Jedi et qu'on répande du gaz dans la pièce où ils attendent. Mais quand des droïdes de combat vont vérifier qu'ils sont bien morts, Qui-Gon et Obi-Wan les attendent, leur sabre laser à la main, et les repoussent.

« SOIS ATTENTIF À LA FORCE. »
QUI-GON JINN

Qui-Gon tente ensuite d'accéder au pont principal en faisant fondre le sas avec son sabre, mais il est interrompu par des droïdekas, des droïdes munis de puissants boucliers. Les Jedi sont donc contraints de battre en retraite. Dans le hangar, Qui-Gon remarque que l'armée de la Fédération se prépare à atterrir.

— Il faut prévenir les Naboo. Glissons-nous dans deux vaisseaux et retrouvons-nous sur la planète, dit-il à Obi-Wan.

STAR-DOKU

Peux-tu remplir la grille ci-dessous de façon à ce qu'il n'y ait qu'une seule fois le même symbole par colonne, ligne et grille ?

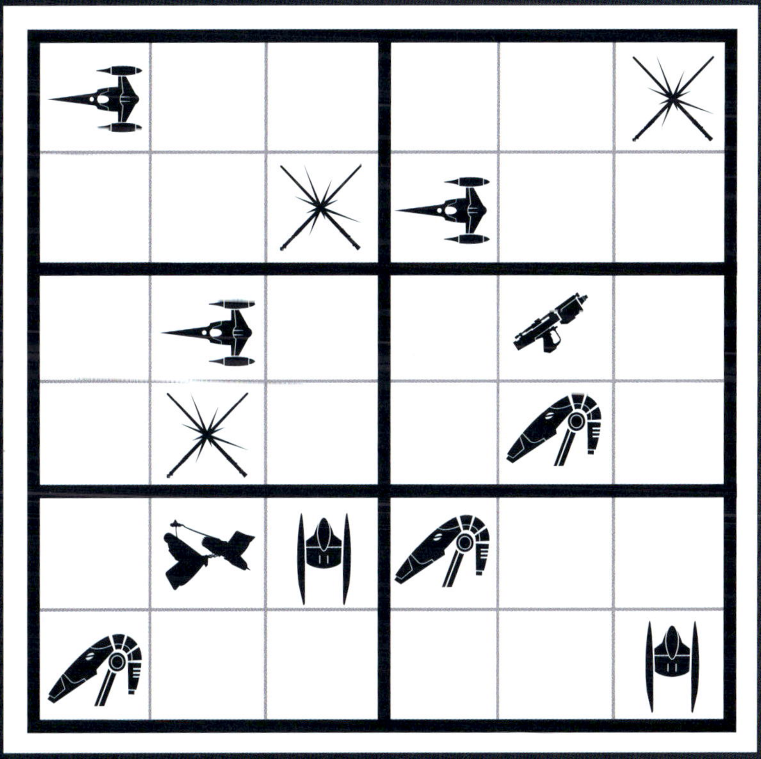

PROFIL :
Qui-Gon Jinn

Nom : Qui-Gon Jinn
Espèce : Humaine
Planète natale : Inconnue
Information peu connue : Qui-Gon est un Jedi puissant, mais peu conventionnel. Il estime que vivre l'instant présent est le meilleur moyen d'être en communion avec la Force.
Compétences : Expert dans le maniement du sabre laser et de ses pouvoirs Jedi, surtout de la manipulation mentale.
Arme : Sabre laser (vert)

PROFIL :
Obi-Wan Kenobi

Nom : Obi-Wan « Ben » Kenobi
Espèce : Humaine
Planète natale : Stewjon
Information peu connue : Obi-Wan a d'abord été formé par le grand maître Jedi, Yoda, avant de devenir le padawan de Qui-Gon Jinn.
Compétences : Son talent pour trouver des solutions pacifiques lui a valu d'être surnommé « Le Négociateur ».
Arme : Sabre laser (bleu)

L'INVASION DE NABOO

Lorsque Qui-Gon, Obi-Wan et leur guide gungan, Jar Jar Binks, arrivent à Naboo City, l'armée de la Fédération du Commerce est déjà sur place et a capturé la reine Amidala. Le vice-roi voulait que la reine signe un traité pour légaliser l'invasion.

— Les souffrances de votre peuple vous feront changer de point de vue, lui réplique-t-il, devant son refus.

Alors que la suite royale est conduite hors du palais, Qui-Gon et Obi-Wan passent à l'attaque et abattent rapidement les droïdes de la Fédération avant de libérer la reine.

— Nous sommes les ambassadeurs du Chancelier Suprême, lui explique Qui-Gon. Nous devons entrer en contact avec le Sénat immédiatement.

La Fédération ayant coupé toutes les communications sur Naboo, les Jedi doivent rejoindre Coruscant, la planète capitale de la République et siège du Sénat. Ils se dirigent donc vers le hangar.

« ILS VOUS TUERONT SI VOUS RESTEZ. »
QUI-GON JINN

— Votre altesse, étant donné les circonstances, je propose que vous veniez avec nous. Ils vous tueront si vous restez, lui dit Qui-Gon.

— Ma place est auprès de mon peuple, lui répond la reine. Mais j'irai plaider notre cause au Sénat.

La reine et sa suite s'échappent de Naboo et filent vers l'espace avant d'être attaquées en approchant du blocus. Malgré les efforts d'un petit droïde très courageux appelé R2-D2, le générateur hyperdrive est cassé.

Ils décident alors de se poser sur une planète de la Bordure Extérieure baptisée Tatooine, qui est hors de portée de la Fédération et où la reine sera en sécurité, pour acheter du carburant et des pièces de rechange.

JEU DE MOTS GUNGAN

Les Gungans parlent le gunganais, un dialecte très proche du français. Alors, pourras-tu relier les mots gunganais à leur équivalent français ?

Dou	Je, je suis, moi, mon
Missa	Salutations, je viens en paix.
Cinglerie	Je n'ai rien fait !
Ex couisé moué	Lâche
Missa saluta voussi, missa	Folie
Crapaud poltron	Deux
Missa rien fait !	Excusez-moi

PROFIL :
Reine Amidala

Nom : Padmé Naberrie de Naboo, Padmé Amidala, reine Amidala de Naboo, Padmé Amidala Skywalker.
Espèce : Humaine
Planète natale : Naboo
Information peu connue : Padmé a été couronnée à 14 ans, mais elle n'est pas la plus jeune à avoir été élue reine.
Compétences : C'est une politicienne courageuse et idéaliste déterminée à protéger son peuple.
Arme : Pistolet laser royal

AUCUN PROBLÈME POUR UN SITH

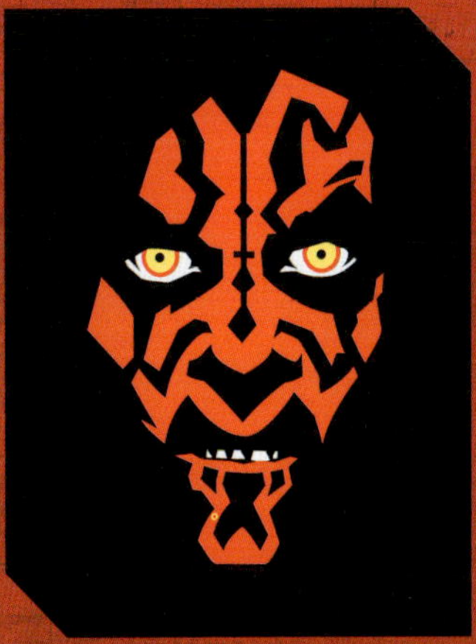

Le vice-roi apprend à Dark Sidious que la reine s'est enfuie et que le vaisseau de cette dernière est introuvable, mais ce n'est pas un problème pour l'apprenti de Sidious, Dark Maul. Pourras-tu dessiner le visage du Sith, dissimulé dans l'ombre ?

LE SEUL HUMAIN À POUVOIR PILOTER UN MODULE...

Une fois arrivés sur Tatooine, Qui-Gon, R2-D2 et Padmé partent en quête des pièces nécessaires à la réparation du vaisseau. Ils entrent dans une boutique où le commerçant nommé Watto leur annonce qu'il à ce qu'ils cherchent, mais qu'il n'acceptera pas les crédits de la République.

C'est là qu'ils rencontrent l'esclave de Watto, un garçon appelé Anakin Skywalker. Tandis que Qui-Gon et les autres repartent vers leur vaisseau, Anakin les prévient qu'une tempête approche et les invite à s'abriter chez lui.

Lors du dîner, Anakin propose une solution à Qui-Gon : ce dernier pourrait inscrire le garçon à la prochaine course de modules dont les gains suffiraient à couvrir le coût des pièces. En observant Anakin piloter, Qui-Gon est impressionné par sa précision et son instinct.

— La Force est d'une rare intensité, chez lui, déclare-t-il.

Le lendemain, Qui-Gon fait un pari avec Watto : si Anakin perd la course, le marchand peut garder leur vaisseau.

«CE GARÇON A VRAIMENT QUELQUE CHOSE.»
QUI-GON JINN

Mais si Anakin gagne, Watto garde les gains et le module, mais il devra libérer Anakin et leur donner les pièces nécessaires à la réparation du vaisseau.

Avant le départ de la course, Qui-Gon donne un dernier conseil à l'enfant :

— N'oublie pas, concentre-toi sur l'instant présent. Ressens, ne pense pas. Fie-toi à ton instinct. Que la Force soit avec toi.

Les modules s'élancent ! Sebulba, le sournois rival d'Anakin, essaye par deux fois de saboter son module, mais les réflexes et les talents de mécanicien du garçon le sauvent à chaque fois. Dans le dernier tour, les deux adversaires se livrent une lutte acharnée pour gagner. Dans la dernière ligne droite, Sebulba tente de faire dévier le module d'Ani et ils se retrouvent emmêlés. Tandis que Sebulba tente de se séparer, Ani accélère brusquement et fonce vers la victoire, alors que Sebulba s'écrase dans le décor. Anakin a gagné !

Qui-Gon a obtenu les pièces dont il avait besoin et a libéré Anakin. Il veut le former pour qu'il devienne un chevalier Jedi !

LE CONSEIL JEDI

Lorsque Anakin a été mis à l'épreuve par le Conseil Jedi, il a dû deviner ce qui s'affichait sur des écrans qu'il ne voyait pas. Entraîne-toi à ressentir la Force : observe cette image pendant 20 secondes puis cache-la. Pourras-tu répondre aux questions ci-dessous sans regarder ?

1. Peux-tu voir les pieds de maître Yoda ?

2. De quelle forme est la chaise de maître Yoda ?

3. De quelle couleur est le ciel ?

4. De quelle couleur sont les bottes du Jedi sur la droite ?

5. Vrai ou faux ? Il y a trois lunes, dans le ciel.

PROFIL :
Anakin Skywalker

Nom : Anakin Skywalker
Espèce : Humaine
Planète natale : Tatooine
Information peu connue : Anakin a le plus haut taux de midi-chloriens jamais enregistré (même maître Yoda n'en a pas un aussi élevé).
Compétences : C'est un pilote très doué et un mécanicien autodidacte. Il a le potentiel de devenir un grand chevalier Jedi... Ou un redoutable seigneur Sith.

«IL NE SERA PAS FORMÉ.»

La raison que donne Yoda quand il refuse que Qui-Gon entraîne Anakin est écrite à l'envers et de bas en haut. Fais le vide dans ton esprit et déchiffre ce qu'il dit.

AVENIR EST.
NUAGES SON
CHARGÉ DE

JEDI VS SITH

Sur Coruscant, le Sénat refuse d'aider la reine Amidala. Frustrée, elle promet de retourner auprès de son peuple pour l'aider. Dark Sidious a envoyé Dark Maul, son apprenti, aider la Fédération du Commerce.

Tandis que les alliés de la reine affrontent l'armée droïde, la reine, Qui-Gon, Obi-Wan et Anakin prennent d'assaut le palais afin de s'emparer de vaisseaux pour attaquer le vaisseau mère de la Fédération. Dark Maul se porte à leur rencontre et, tandis que Padmé et ses gardes se dirigent vers la salle du trône, Qui-Gon et Obi-Wan dégainent leur sabre laser et se préparent au combat.

Pendant le duel, Obi-Wan est piégé par une barrière d'énergie et ne peut rien faire quand Dark Maul transperce Qui-Gon de son sabre laser, le blessant mortellement.

«JE LES TROUVERAI RAPIDEMENT, MAÎTRE.»
DARK MAUL

Lorsque la barrière s'efface Obi-Wan bondit sur Dark Maul et tranche le double sabre laser de son ennemi, mais ce dernier utilise la Force pour désarmer le Jedi et le pousser dans un puits.

Réfléchissant vite, Obi-Wan repère le sabre laser de son maître à côté de ce dernier et, alors qu'il se projette hors du trou, il récupère l'arme grâce à la Force. Il prend Maul par surprise et le tue d'un seul coup. Obi-Wan se précipite vers Qui-Gon.

— Obi-Wan, promets-moi de former l'enfant, lui demande son maître, mourant. C'est l'Élu. Il apportera l'équilibre à la Force.

— Oui, maître, murmure Obi-Wan.

LA RÈGLE DES DEUX

Sers-toi de la Force pour repérer les deux images de Dark Maul qui sont identiques.

PROFIL :

Dark Maul

Nom : Maul, Dark Maul
Espèce : Zabrak
Planète natale : Dathomir
Information peu connue : Techniquement, Maul est une exception à la règle des deux car, à l'époque où il est devenu l'apprenti de son maître (Sidious), ce dernier était encore l'élève de Dark Plagueis.
Compétences : Sa volonté de fer et son style de combat inhabituel font de Dark Maul l'un des combattants les plus redoutables de la galaxie.
Arme : Double sabre laser (rouge)

QUIZ SUR LE FILM

Tu penses tout savoir sur Star Wars ? Ces affirmations sont-elles vraies ou fausses ?

1) Ewan McGregor (Obi-Wan) imitait les bruits de sabres laser en se battant. Il a fallu les effacer, pour le film.

■ Vrai ■ Faux

2) Dark Maul a quinze cornes sur la tête.

■ Vrai ■ Faux

3) Afin d'empêcher les gens de copier le film avant sa projection au cinéma, il a été livré sous le titre « The Doll House ».

■ Vrai ■ Faux

4) Dark Maul ne cligne jamais des yeux durant le film.

■ Vrai ■ Faux

5) C'est George Lucas lui-même qui a inventé le nom Jar Jar.

■ Vrai ■ Faux

6) Le mot sabre laser n'est jamais mentionné dans le film.

■ Vrai ■ Faux

LES CHEVALIERS JEDI : GARANTS DE LA PAIX

LE CODE DES JEDI

- LES JEDI SONT LES GARDIENS DE LA PAIX DANS LA GALAXIE.
- LES JEDI UTILISENT LEURS POUVOIRS POUR DÉFENDRE ET PROTÉGER LES AUTRES, JAMAIS POUR ATTAQUER.
- LES JEDI RESPECTENT TOUTE FORME DE VIE.
- LES JEDI SERVENT LES AUTRES ET LE BIEN DE LA GALAXIE ET NE CHERCHENT PAS À DOMINER QUI QUE CE SOIT.
- LES JEDI S'ATTACHENT À S'AMÉLIORER PAR LE SAVOIR ET L'ENTRAÎNEMENT.

LE CONSEIL JEDI

Le Conseil Jedi était généralement constitué de maîtres Jedi et opérait comme un organe administratif pour superviser les académies, temples et organisations de l'Ordre.

LE GRAND MAÎTRE

Le Grand Maître était à la tête de l'Ordre Jedi. Yoda a été le dernier à ce poste avant que les Sith ne démantèlent l'Ordre Jedi.

LE MAÎTRE DE L'ORDRE

Le Maître de l'Ordre était élu à l'unanimité par le Haut Conseil afin de présider le Conseil Jedi. Mace Windu a été le dernier à occuper cette position avant la purge des Jedi.

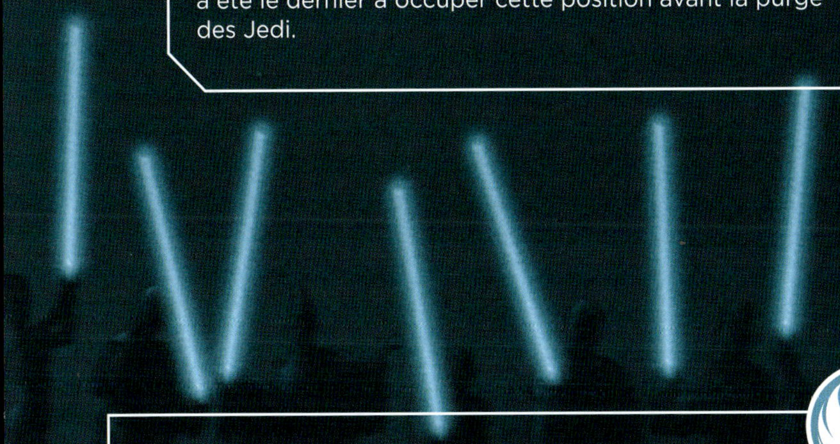

SABRES LASER

« LE MANIEMENT DU SABRE LASER EST LA MARQUE DE CEUX QUI SORTENT DE L'ORDINAIRE. » - **OBI-WAN**

Cette arme est constituée d'une lame de laser pur émis par la garde et contenu dans un champ de force. Il faut faire preuve d'une incroyable dextérité, d'une grande confiance en soi et être en parfaite communion avec la Force pour se servir d'un sabre laser.

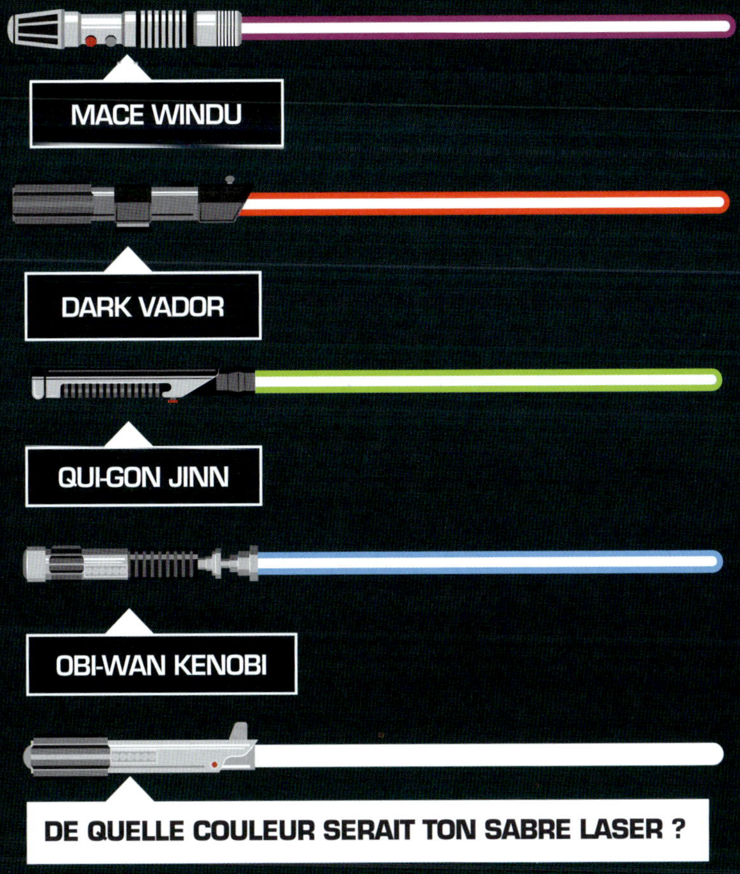

TOP CINQ FAITS JEDI

1. Les Jedi font partie d'un ordre ancien et monacal. Ils sont tous unis dans leur croyance et leur observance de la Force.

2. Leur langue officielle est le *basic galactique standard.*

3. L'arme officielle des Jedi est le sabre laser.

4. Il y a quatre rangs dans l'Ordre Jedi : les initiés, les padawans, les chevaliers et les maîtres.

5. En tant que gardiens de la paix dans la galaxie, les Jedi devaient trouver une résolution pacifique aux litiges opposant des planètes. Cependant, ils pouvaient parfois utiliser la maîtrise de leur art martial afin de mettre rapidement un terme à un conflit.

L'ACADÉMIE JEDI

Les initiés Jedi, ou novices, doivent passer différents tests avant d'être acceptés comme padawan pour une formation individuelle.
Un novice commence par passer énormément de temps en méditation afin d'apprendre à s'ouvrir à la Force.

L'ARMÉE DES CLONES

Après plusieurs tentatives d'assassinat contre la reine Amidala, Le Chancelier Suprême et le Conseil Jedi assignent Obi-Wan Kenobi et son padawan, Anakin Skywalker à sa protection. Ils attrapent une suspecte, mais un chasseur de primes inconnu la tue d'un dard empoisonné avant qu'ils n'aient pu l'interroger. Il est alors convenu d'envoyer Padmé, accompagnée d'Anakin, sur Naboo.

Pendant ce temps, Obi-Wan découvre que le dard provient d'un monde de la Bordure Extérieure, Kamino, où vit une race de cloneurs. Il décide donc de s'y rendre pour trouver des réponses. Il est accueilli par un grand et élégant Kaminoen qui l'informe que le Premier Ministre Lama Su attendait sa visite. Ce dernier apprend à Obi-Wan qu'ils sont dans les temps : deux cents mille unités sont prêtes et un million de plus ne tarderont pas. Lama Su demande alors à Obi-Wan de dire au maître Sifo-Dyas que sa commande sera prête dans les délais.

« LE CÔTÉ OBSCUR BROUILLE TOUT. »
MAÎTRE YODA

— Mais maître Sifo-Dyas a été tué il y a presque dix ans, répond Obi-Wan.

— Je suis désolé de l'apprendre, réplique Lama Su. Mais je suis sûr qu'il serait fier de l'armée que nous lui avons créée. C'est l'armée de la République.

Et il présente à Obi-Wan une impressionnante armée de clones.

— Nos clones, explique Lama Su, sont dotés d'une intelligence créative et sont supérieurs aux droïdes. Ils ont été créés à partir du code génétique d'un chasseur de primes nommé Jango Fett et ont été modifiés pour être plus obéissants. En retour, Jango Fett a demandé à garder pour lui un clone non altéré.

QUI EST JANGO FETT ?

Jango Fett se dissimule parmi ses clones. Sauras-tu le repérer ? C'est le seul à être différent des autres.

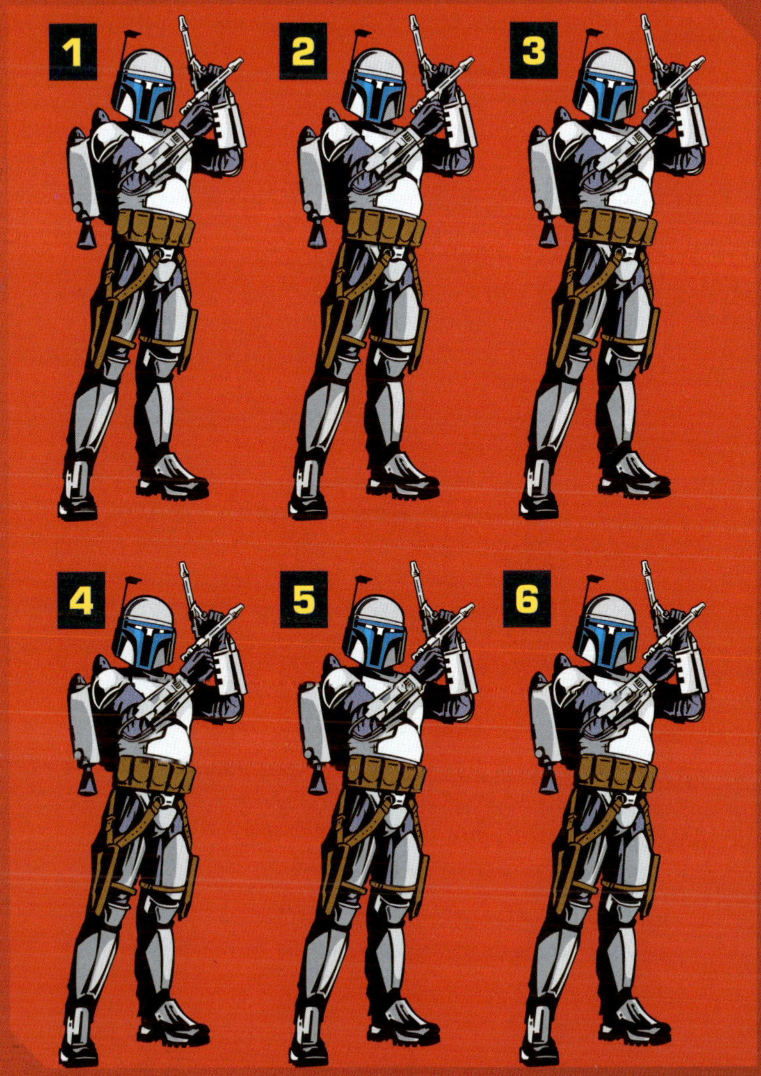

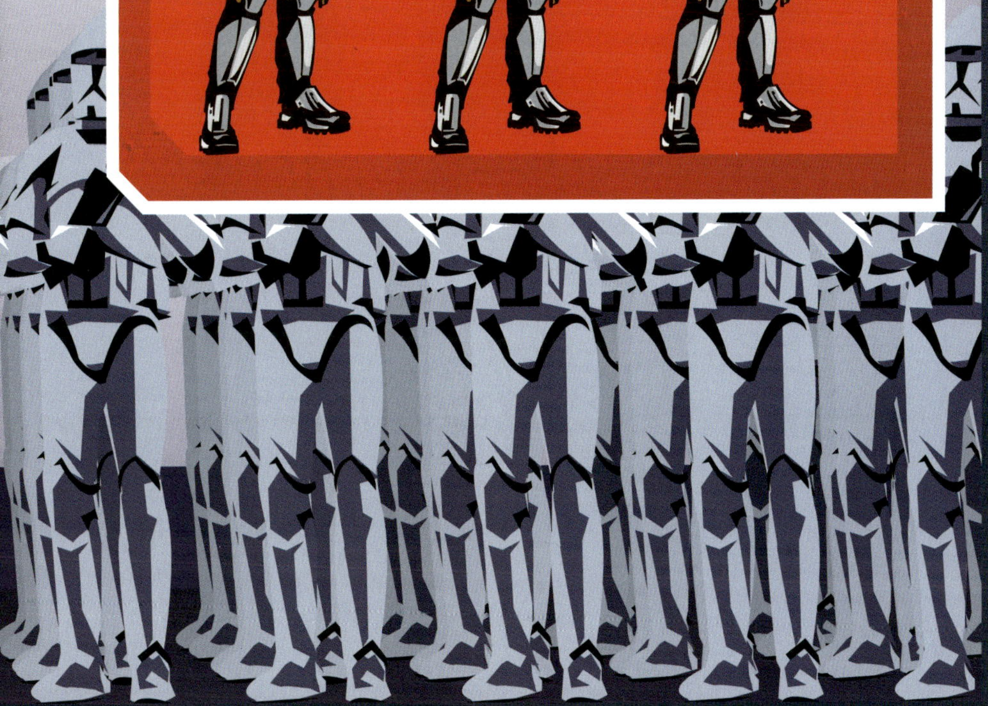

TOUT SAVOIR SUR LE CLONAGE :

Le clonage te laisse perplexe ? Ne crains rien, voici ce que tu dois savoir :

- Pour fabriquer un clone, il te faut un échantillon du code génétique, ou ADN, de quelqu'un. Les Kaminoens ont utilisé celui de Jango Fett.
- Les cellules du donneur sont cultivées dans des utérus artificiels remplis de nutriments.
- Les Kaminoens ont altéré l'ADN de Jango pour que les clones soient plus obéissants et donc plus facilement contrôlables en tant qu'armée.
- La croissance des clones a été accélérée afin d'obtenir une armée d'adultes rapidement.
- Les clones finiront par devenir les redoutables stormtroopers impériaux.
- On ignore à quelle vitesse les clones vieillissent, mais on estime que ce serait deux fois plus rapidement qu'un humain normal.

AU SECOURS D'OBI-WAN

Après avoir passé plusieurs jours ensemble sur Naboo, Anakin avoue ses sentiments à Padmé.

— Depuis que je t'ai vue, il y a si longtemps, pas un jour n'a passé sans que je pense à toi, lui dit-il.

— Tu veux devenir un Jedi et moi, une sénatrice, lui répond Padmé. Je ne te laisserai pas abandonner tes responsabilités et compromettre ton avenir, pour moi.

Cette nuit-là, Anakin fait un cauchemar au cours duquel il voit sa mère souffrir. Il sent qu'il doit partir à son secours et la sénatrice accepte de l'accompagner.

Lorsque Anakin atterrit sur Tatooine, Watto, son ancien maître, lui apprend que Shmi s'est mariée avec un dénommé Lars. Anakin et Padmé se rendent donc à sa ferme où ils sont accueillis par le droïde qu'Anakin a construit quand il était enfant, C-3PO. Anakin rencontre le mari de sa mère qui lui apprend qu'elle a été enlevée par les Hommes des Sables.

Le padawan fonce alors la sauver. Il retrouve Shmi dans un campement Tusken, attachée et mourante.

— Ani, je suis si fière de toi, je t'aime, murmure-t-elle avant de s'éteindre.

« ANI, JE SUIS SI FIÈRE DE TOI. »
SHMI SKYWALKER

Obi-Wan s'est battu contre Jango Fett, sur Kamino, mais ce dernier s'est échappé. Le Jedi le pourchasse à travers la galaxie jusqu'à une planète baptisée Géonosis. Repérant de nombreux vaisseaux de la Fédération du Commerce, il décide d'enquêter.

Il entre alors dans une usine automatisée géante fabriquant des droïdes de combat. Puis, il suit des voix et découvre un ancien Jedi, le Comte Dooku, commentant des plans avec le vice-roi de la Fédération. Ils prévoient de joindre leurs forces pour écraser les Jedi afin que la République cède à leurs exigences.

Obi-Wan envoie un message au Conseil Jedi avant d'être capturé par un droïdeka. Le maître de l'Ordre Mace Windu ordonne donc à tous les Jedi disponibles de se porter au secours d'Obi-Wan. Il enjoint aussi à Anakin de continuer à veiller sur Padmé, mais elle accepte d'accompagner Anakin qui désire sauver son maître.

LA PROMESSE D'ANAKIN

Le cœur brisé par la mort de sa mère, Anakin fait une promesse à Padmé. Décrypte le code ci-dessous et découvre ce que c'est.

A	B	C	D	E	F	G	H	I	J	K	L	M	N	O	P	Q	R	S	T	U	V	W	X	Y	Z
4	7	9	3	26	23	1	19	13	15	25	2	5	11	12	8	21	6	10	24	14	16	17	18	20	22

15, 26   10, 26, 6, 4, 13   2, 26   8, 2, 14, 10

_____ ______________ _____ __________

8, 14, 13, 10, 10, 4, 11, 24   3, 26, 10   15, 26, 3, 13.

______________________ ________ ___________

SUR LES TRACES DES FETT

Obi-Wan est parvenu à placer une balise sur le vaisseau de Jango Fett. Pourras-tu l'aider à traquer le chasseur de primes ? Pour cela, traverse la grille en te déplaçant (horizontalement ou verticalement) de case en case contenant des nombres divisibles par 3.

DÉPART

33	30	3	25	25	0	35	5	35	25	35	5	35	8	8
35	35	9	10	10	20	20	20	22	24	11	19	20	24	20
20	25	12	15	18	25	25	25	25	25	25	25	25	25	25
20	25	22	23	6	0	35	5	35	25	35	13	11	10	11
10	1	11	10	9	20	20	20	22	24	11	13	24	22	1
1	10	1	1	12	25	25	25	25	25	25	2	2	2	2
2	4	8	8	3	10	7	13	11	10	11	22	7	14	7
25	25	25	25	9	14	14	13	24	22	1	14	14	14	14
35	25	35	13	18	33	30	2	2	2	2	32	32	32	32
22	24	11	13	32	32	18	22	22	21	33	30	22	22	22
22	22	25	25	25	25	21	3	6	9	22	21	26	26	26
26	26	35	25	35	13	26	26	26	26	26	18	15	12	21
29	29	22	24	11	13	29	29	29	29	29	29	29	29	24
0	35	5	35	25	35	26	35	25	35	13	23	23	24	9
20	20	20	22	24	11	29	22	24	11	13	7	5	8	3

ARRIVÉE

L'ARÈNE

Le Comte Dooku entre dans la cellule où Obi-Wan est retenu prisonnier.

— Qui-Gon fut mon apprenti, déclare-t-il. Il savait que la République est corrompue, mais il ne l'aurait jamais toléré s'il connaissait la vérité. La République est sous le contrôle du seigneur Sith Dark Sidious.

— C'est impossible. Les Jedi l'auraient perçu, proteste Obi-Wan.

— Le côté obscur a troublé leur vision. Ralliez-vous à moi, Obi-Wan et ensemble, nous anéantirons les Sith.

— Jamais je ne me rallierai à vous, Dooku, lui rétorque Obi-Wan.

Padmé et Anakin arrivent sur Géonosis, mais sont capturés lors d'une embuscade. Alors qu'ils sont conduits dans une arène pour y être exécutés, Padmé avoue au garçon qu'elle l'aime.

— Je croyais qu'on avait décidé de ne pas tomber amoureux, dit Anakin. Que ça gâcherait nos vies.

— Nous sommes sur le point de la perdre, répond la reine.

Ils sont attachés à de grandes colonnes situées au centre de l'arène, à côté d'Obi-Wan, pour être dévorés par des créatures féroces. Les trois héros parviennent à se libérer puis, à l'aide de la Force, le padawan dompte une des bêtes et ils montent tous les trois sur son dos. Malheureusement, ils sont vite encerclés par des droïdekas.

« PATIENCE, VICE-ROI... ELLE MOURRA. »
COMTE DOOKU

Tout semble perdu jusqu'à ce que Mace Windu apparaisse sur le balcon d'où le Comte Dooku observe le spectacle.

— La fête est terminée, déclare-t-il.

Et, tout autour du stade, des sabres laser apparaissent. Les chevaliers Jedi sont arrivés ! Le Comte regarde Windu d'un air moqueur :

— Courageux, mon vieil ami Jedi, mais imprudent. Vous ne serez jamais assez nombreux.

Sabres laser contre blasters et bêtes, les Jedi se battent courageusement. Mace Windu parvient même à vaincre Jango Fett, mais les Jedi sont vite submergés par les droïdes.

— C'est terminé. Rendez-vous ! leur enjoint Dooku.

UNE VOLONTÉ DE JEDI

La vie de Jedi n'est pas facile. S'entraîner à se servir de la Force est un processus qui dure toute la vie, même si vous avez 900 ans, comme maître Yoda ! Pourras-tu entourer les mots qui décrivent le mieux le caractère d'un Jedi ?

Formation
Amour Sagesse
Concentration
Haine Loyauté Compassion Foi
Impatience Cupidité Défense
Discipline Protection
Justice Courage
Colère Pouvoir
Peur

PROFIL :
Mace Windu

Nom : Mace Windu
Espèce : Humaine
Planète natale : Haruun Kal
Information peu connue : Maître Windu a créé une technique particulière de combat au sabre laser : le vaapad. Elle est dangereuse car très proche des mouvements des Sith.
Compétences : En plus de sa réputation de sage, il est l'un des meilleurs combattants au sabre laser de l'Ordre Jedi.
Arme : sabre laser (violet)

LE MAÎTRE
ET L'APPRENTI

Connais-tu bien l'histoire des Jedi et des Sith ? Seras-tu capable de relier chaque maître à son apprenti ?

LA BATAILLE DE GÉONOSIS

Soudain, des vaisseaux apparaissent dans les cieux. Yoda arrive avec la nouvelle armée clone. Ils protègent les survivants le temps de monter à bord. Obi-Wan et Anakin remarquent que Dooku s'enfuit sur un speeder et le poursuivent. Ils le rattrapent dans un hangar, mais le Comte assomme Anakin avec des éclairs de Force avant de tenter de faire de même à Obi-Wan qui réussit à les absorber avec son sabre laser. Un duel s'ensuit.

Dooku touche Obi-Wan au bras et à la jambe et le noble Jedi s'effondre. Il lève son sabre laser pour l'achever, mais Anakin s'interpose. Anakin, un sabre laser dans chaque main, affronte alors Dooku, mais il n'est pas de taille contre l'ancien maître Jedi qui lui coupe le bras. Cependant, alors que Dooku jubile et se prépare à partir, Yoda entre dans le hangar.

— Le côté obscur je perçois en toi, dit Yoda.

— Je suis devenu plus puissant que tous les Jedi, toi compris, Yoda, réplique-t-il. Il est évident que cette querelle ne se règlera pas par notre seule maîtrise de la Force, mais le sabre laser à la main.

« LE CÔTÉ OBSCUR JE PERÇOIS EN TOI. »
YODA

— Bien battu tu t'es, mon ancien padawan, dit Yoda, alors que leurs sabres laser sont croisés.

Dooku utilise soudain la Force pour projeter un lourd tuyau sur Anakin et Obi-Wan qui sont sans défense. Yoda n'a pas d'autre choix que de laisser Dooku s'enfuir pour arrêter le tuyau avant qu'il ne les écrase. Dooku retourne à Coruscant où Dark Sidious l'attend.

— J'ai de bonnes nouvelles, maître, lui annonce le Comte. La guerre a commencé.

Malgré le début d'une guerre civile galactique, Anakin, guéri, a plus important en tête. Il escorte Padmé sur Naboo où, R2-D2 et C-3PO faisant office de témoins, ils se marient.

L'ARMÉE CLONE

Imagine que tu aies ta propre armée de clones. Quelle sorte d'armure porteraient-ils ? Quelles armes utiliseraient-ils ? Dessine un clone ci-dessous et n'oublie pas, il vaut mieux que son armure le protège intégralement des tirs.

ENQUÊTE
PARMI LES DROÏDES

La Guerre des Clones a débuté et les droïdes de bataille se déplacent en masse. Pourras-tu retrouver les droïdes suivants parmi les troupes ci-dessus ?

- Un droïde de bataille à qui il manque un boulon d'entrave.
- Un droïde de bataille à qui il manque une antenne.
- Un droïde de bataille à qui il manque une tête.
- Un droïde de bataille à qui il manque un œil.
- Un super droïde de bataille visant dans la mauvaise direction.
- Un super droïde de bataille à qui il manque un bras.

LES CLASSES DE DROÏDES

CLASSE UN :
Ces droïdes, guère plus sophistiqués que des ordinateurs, servent à tester de nouveaux médicaments, à calculer et aident aux études des différentes sciences.

CLASSE DEUX :
Ces droïdes sont programmés pour être des ingénieurs et servent à réparer les vaisseaux et à les naviguer ou à explorer des planètes à la recherche de ressources naturelles.

CLASSE TROIS :
Ces droïdes sont programmés pour interagir avec les humains. Ils ont souvent des rôles de serviteurs auprès des diplomates et des nobles ou de gardes d'enfants.

CLASSE QUATRE :
Ces droïdes sont des combattants. Ils sont employés dans la sécurité, en tant qu'assassins ou dans de grandes armées.
Ils sont parfois utilisés comme gladiateurs pour divertir les gens.

CLASSE CINQ :
Ils sont spécialisés dans les tâches ingrates ou très pointues. Ils effectuent aussi des missions trop dangereuses pour des êtres vivants.

PLUS GRANDE EST LA FIERTÉ PLUS DURE EST LA CHUTE

Obi-Wan et Anakin abordent le croiseur du Général Grievous. Le chef cyborg de l'armée du Comte Dooku a capturé le chef de la République, le Chancelier Palpatine, et les Jedi doivent donc le sauver.

— Je sens le Comte Dooku, dit Anakin à son maître.

— Moi, qu'il s'agit d'un piège, réplique Obi-Wan.

Les deux Jedi arrivent tout de même jusqu'au pont où le Chancelier est attaché à un fauteuil. Dooku fait alors son entrée.

— Appelez du renfort, leur dit le Chancelier. Vous n'êtes pas de taille. C'est un seigneur Sith.

— Les seigneurs Sith sont notre spécialité, répond Obi-Wan, avec humour.

— Depuis notre dernière rencontre, mes pouvoirs ont doublé, déclare Anakin.

— Votre humiliation n'en sera que plus cuisante, rétorque Dooku.

Après quelques échanges, Dooku étouffe Obi-Wan avec la Force avant de le propulser à l'autre bout de la pièce où une passerelle s'effondre sur lui. Il poursuit son duel avec Anakin en se moquant de lui.

« TU VOULAIS TE VENGER. »
LE CHANCELIER PALPATINE

— Tu as de la haine, en toi. Mais tu ne t'en sers pas, lui dit Dooku.

Soudain, Anakin profite d'une ouverture et tranche les mains du Sith. Il attrape ensuite l'arme du Comte et le menace des deux lames.

— Oui, Anakin. Bien, jubile le Chancelier. Je savais que tu y arriverais. Élimine-le ? Tue-le, maintenant !

À contrecœur, Anakin décroise les sabres laser et coupe la tête du Comte Dooku.

— Je n'aurais pas dû faire ça. Les Jedi n'agissent pas ainsi, dit Anakin. Mais je n'ai pas pu m'en empêcher.

— C'est naturel. Il t'a coupé un bras et tu voulais te venger, le rassure le Chancelier. Ce n'est pas la première fois, Anakin. Souviens-toi de ce que tu m'as dit à propos de ta mère et des Hommes des Sables.

Ils s'échappent rapidement, Anakin portant Obi-Wan, et retournent sur Coruscant. Mais le Général Grievous s'est enfui, alors la Guerre des Clones continue.

MOTS MÊLÉS GALACTIQUES

Combien de noms de personnages pourras-tu trouver dans la grille ci-dessous ? Il te faudra utiliser la Force pour les découvrir car ils ne sont pas listés.

B	S	A	M	T	C	W	E	L	S
U	G	A	I	L	P	S	N	Z	U
C	C	N	P	E	W	N	I	C	R
Q	M	A	M	Z	L	O	T	I	M
X	L	K	O	B	I	W	A	N	D
Y	W	I	S	D	I	U	P	F	B
V	O	N	L	N	C	A	L	J	F
A	K	A	D	M	A	F	A	U	S
A	A	U	M	K	X	T	P	U	S
B	C	C	K	I	T	H	O	J	G
G	Z	C	A	Z	D	V	Q	J	R
Y	K	G	A	B	E	A	B	U	I
C	E	T	U	B	W	Q	L	N	E
K	C	D	R	J	W	E	F	A	V
S	Q	G	J	Y	P	E	H	M	O
O	P	D	J	B	X	V	H	A	U
A	D	O	Y	J	C	R	P	C	S
D	A	M	I	D	A	L	A	Q	J
O	G	D	T	I	R	E	X	P	O
H	N	Z	A	Q	R	G	G	V	P

Petit indice : il y en a 9.

PROFIL :
Général Grievous

Nom : Général Grievous
Espèce : Cyborg Kaleesh
Planète natale : Kalee
Information peu connue : Ce n'est pas un droïde, mais un cyborg. Son cerveau et quelques organes vitaux sont tout ce qui reste de son ancien corps.
Compétences : Grievous est capable de tenir quatre sabres laser en même temps et a été formé par le Comte Dooku.
Armes : Sabres laser volés, blaster, lance à énergie

PROFIL :
Comte Dooku

Nom : Comte Dooku
Espèce : Humaine
Planète natale : Serenno
Information peu connue : Dooku était autrefois considéré comme l'un des plus grands maîtres Jedi.
Compétences : Formidable duelliste, il contrôle aussi avec aisance les pouvoirs du côté obscur, comme les éclairs de Force.
Arme : Sabre laser (rouge)

DARK PLAGUEIS

À leur retour, les sénateurs remercient Anakin d'avoir sauvé le Chancelier. Puis, Padmé lui apprend une excellente nouvelle :

— Je suis enceinte !

Bien que fou de joie, Anakin cauchemarde, cette nuit-là : Padmé meurt en accouchant. Il se promet alors de tout faire pour empêcher ça. Le lendemain, le Chancelier Palpatine lui apprend que le Sénat lui a accordé de nouveaux pouvoirs lui donnant plus de contrôle sur l'ordre Jedi. Il nomme donc le jeune homme comme son représentant personnel auprès du Conseil des Jedi, qui accepte cette nomination à contrecœur, mais refuse d'accorder le rang de maître à Anakin. Après cette session, Obi-Wan dit à son ami que le Conseil veut qu'Anakin le tienne informé des agissements du Chancelier, qu'il l'espionne pour le compte de l'Ordre Jedi.

— Le Chancelier n'est pas malhonnête, Obi-Wan. Il m'a toujours soutenu, depuis mon arrivée ici, lui rétorque Anakin. Vous me demandez d'agir contre le code des Jedi, contre un mentor et un ami.

Plus tard, Palpatine demande au garçon s'il a entendu parler de la tragédie de Dark Plagueis le Sage.

«IL S'APPRÊTE À ME TRAHIR.»
CHANCELIER PALPATINE

— Ce n'est pas une histoire que les Jedi te raconteront. C'est une légende Sith. Dark Plagueis était un seigneur noir si puissant et si sage qu'il pouvait éviter que ses proches ne meurent.

— Il avait vaincu la mort ? s'étonne Anakin.

— Le côté obscur de la Force confère des facultés que certains considèrent comme contre nature.

— Est-il possible d'acquérir ce pouvoir ? demande avidement Anakin.

— Pas auprès d'un Jedi, réplique Palpatine.

Confus et sa confiance dans l'Ordre Jedi érodée, Anakin se confie à sa bien-aimée.

— Je suis perdu. Je ne suis pas le Jedi que j'espérais, se plaint-il. Je veux plus, mais je sais que j'ai tort.

— Tu es trop exigeant envers toi-même, le rassure Padmé.

— J'ai trouvé le moyen de te sauver de mon cauchemar. Je refuse de te perdre, Padmé.

RETROUVE GRIEVOUS

Obi-Wan part affronter le Général Grievous. Aide-le à traverser ce labyrinthe pour arriver jusqu'au chef des droïdes.

DÉPART

ARRIVÉE

CODE: VICTOIRE

Pour vaincre Grievous, Obi-Wan lui tire dans la poitrine avec un blaster.

Chaque lettre ci-dessous a été remplacée par celle qui la précède dans l'alphabet. En déchiffrant le code, tu découvriras ce que Obi-Wan pense des blasters.

C B S C B S F

LE CÔTÉ OBSCUR

Anakin retourne alors voir l'Empereur.

— Comment connaissez-vous les subtilités de la Force ? lui demande-t-il.

— Mon mentor m'a tout appris, jusqu'à la véritable nature du côté obscur. Tu ne pourras sauver ta femme d'une mort certaine que grâce à moi, lui dit Palpatine.

Anakin comprend alors que le Chancelier est le seigneur Sith et il sort son sabre laser.

— Vas-tu me tuer ? demande Palpatine.

— La tentation est grande, avoue Skywalker, avant de rengainer son arme. Je vais vous dénoncer au Conseil Jedi.

Il s'empresse d'en informer Mace Windu et lui propose même de l'aider à arrêter le Chancelier, mais Windu, ressentant sa confusion et sa peur, lui ordonne d'attendre dans la chambre du Conseil. Ce dernier se rend ensuite dans les appartements du Chancelier, accompagné de plusieurs maîtres Jedi.

— Vous êtes en état d'arrestation, Chancelier. Le Sénat décidera de votre destin, déclare Windu.

— Je suis le Sénat, gronde Palpatine en dégainant son sabre laser et en éliminant rapidement les autres Jedi.

« JE T'AVAIS DIT QU'ILS IRAIENT JUSQUE-LÀ. »
LE CHANCELIER PALPATINE

Anakin a désobéi aux ordres de Windu et se précipite dans les quartiers du Chancelier. Lorsqu'il arrive, il trouve Palpatine étendu au sol et le maître Jedi le surplombant.

— Les Jedi prennent le pouvoir ! ment Palpatine avant de lancer désespérément des éclairs de Force. Mais Mace Windu les absorbe avec son sabre laser. Cette tentative a épuisé le Sith.

— J'ai le pouvoir de sauver celle que tu aimes. Tu dois choisir !

— Je vais en finir pour toujours, s'exclame Windu. Il est trop dangereux pour qu'on l'épargne.

— J'ai besoin de lui, hurle Anakin en coupant le bras de Windu.

Le Chancelier jubile et, d'une salve d'éclairs, propulse le Jedi blessé par une fenêtre brisée.

ANAGRAMMES OBSCURES

Le côté obscur perturbe la Force, les lettres qui composent les noms de ces grands Jedi ont été mélangées. Utilise tes pouvoirs pour les remettre dans l'ordre.

MINE WACDU

QII-JUN GONN

DAYO

SOFA-DAYI

BEN-WIN BOOKAN

DI-KIN-DUMIA

LA NAISSANCE DE DARK VADOR

Lorsque Anakin cède au côté obscur, il prend le nom de Dark Vador. Seule l'une des phrases ci-dessous est vraie. Laquelle ?

1) Anakin accepte de se convertir au côté obscur si le Chancelier l'aide à sauver sa femme, Padmé.

2) Anakin se tourne vers le côté obscur afin de tuer Obi-Wan lui-même.

3) Anakin bascule du côté obscur, mais il pense ne pas avoir besoin de l'aide du Chancelier pour tromper la mort.

L'ORDRE 66

Palpatine se proclame Empereur et ordonne à Anakin, devenu Dark Vador, d'exterminer les Jedi présents au temple.

— Soyez sans pitié si vous voulez que le côté obscur vous rende assez puissant pour sauver Padmé, lui dit-il.

Puis, il lance « l'Ordre 66 » selon lequel l'armée clone doit tuer tous les Jedi. Seuls Yoda et Obi-Wan parviennent à s'échapper. Sur Coruscant, ce dernier découvre la trahison d'Anakin. Pour retrouver son ami, il se cache à bord du vaisseau de Padmé, qui part rejoindre son mari. Quand elle arrive sur Mustafar, Vador croit qu'elle a mené Obi-Wan à lui volontairement et l'étrangle avec la Force.

— Vous l'avez dressée contre moi, hurle Vador à Obi-Wan.

— Ta colère et ta soif de pouvoir s'en étaient déjà chargées, répond tristement Obi-Wan.

— Si vous n'êtes pas avec moi, vous êtes contre moi, gronde Vador avant d'engager furieusement son ancien maître dans un duel qui entraînera les deux anciens amis sur des plateformes flottant au-dessus d'une rivière de lave.

Pendant ce temps, sur Coruscant, Yoda affronte Dark Sidious dans la chambre du Sénat

« SEULS LES SITH SONT AUSSI INFLEXIBLES. »
OBI-WAN KENOBI

où l'Empereur utilise toute la puissance du côté obscur pour vaincre le Grand Maître qui bat en retraite après s'être fait passé pour mort.

— C'est terminé, Anakin, j'ai l'avantage, crie Obi-Wan, alors que le duel infernal touche à sa fin.

— Vous sous-estimez mes pouvoirs, hurle Vador en bondissant vers lui. D'un geste vif, Obi-Wan tranche les jambes et le bras valide de Vador qui s'effondre près de la lave.

— Tu étais l'Élu ! Tu devais apporter l'équilibre à la Force, pas la condamner à l'obscurité, déplore Obi-Wan en ramassant le sabre laser de Dark Vador.

Il le laisse là, mais l'Empereur arrive à temps pour le ramener à Coruscant et l'harnacher dans une combinaison de survie. De sa nouvelle voix électronique, Vador demande à son maître où est Padmé.

— Dans votre colère, vous l'avez tuée, lui ment le Sith.

Dark Vador s'arrache à la table d'opérations et hurle de douleur.

L'ÉTOILE NOIRE

L'ARME ULTIME

« IL S'AGIT D'UNE MACHINE DE GUERRE TELLE QUE L'UNIVERS N'EN A JAMAIS CONNUE. »

Nom : Étoile Noire
Conçue par : Raith Sienar
Construite par : Département impérial de recherches militaires
Affiliation : Empire Galactique
Taille : Aussi grande qu'une petite lune
But : Détruire les planètes alliées des rebelles et installer la peur dans l'Empire.

L'Étoile Noire est une station de combat géante équipée d'un superlaser pouvant détruire une planète.

Bloc 1138 : Han et Luke se déguisent en stormtroopers et font passer Chewie pour leur prisonnier afin de se glisser sans se faire repérer dans la zone de détention de l'Étoile Noire et de secourir Leia.

Compacteur à ordures : Luke, Han et Chewie ont infiltré l'Étoile Noire pour sauver la Princesse Leia. Ils plongent dans un conduit à ordures pour s'échapper et se retrouvent dans un compacteur en compagnie d'un dianoga affamé. Lorsque les murs se rapprochent, nos héros se sentent de plus en plus à l'étroit.

Hangar 327 : Après que le rayon tracteur a été désactivé, maître et apprenti se retrouvent face à face près des quais et s'affrontent dans un duel à mort.

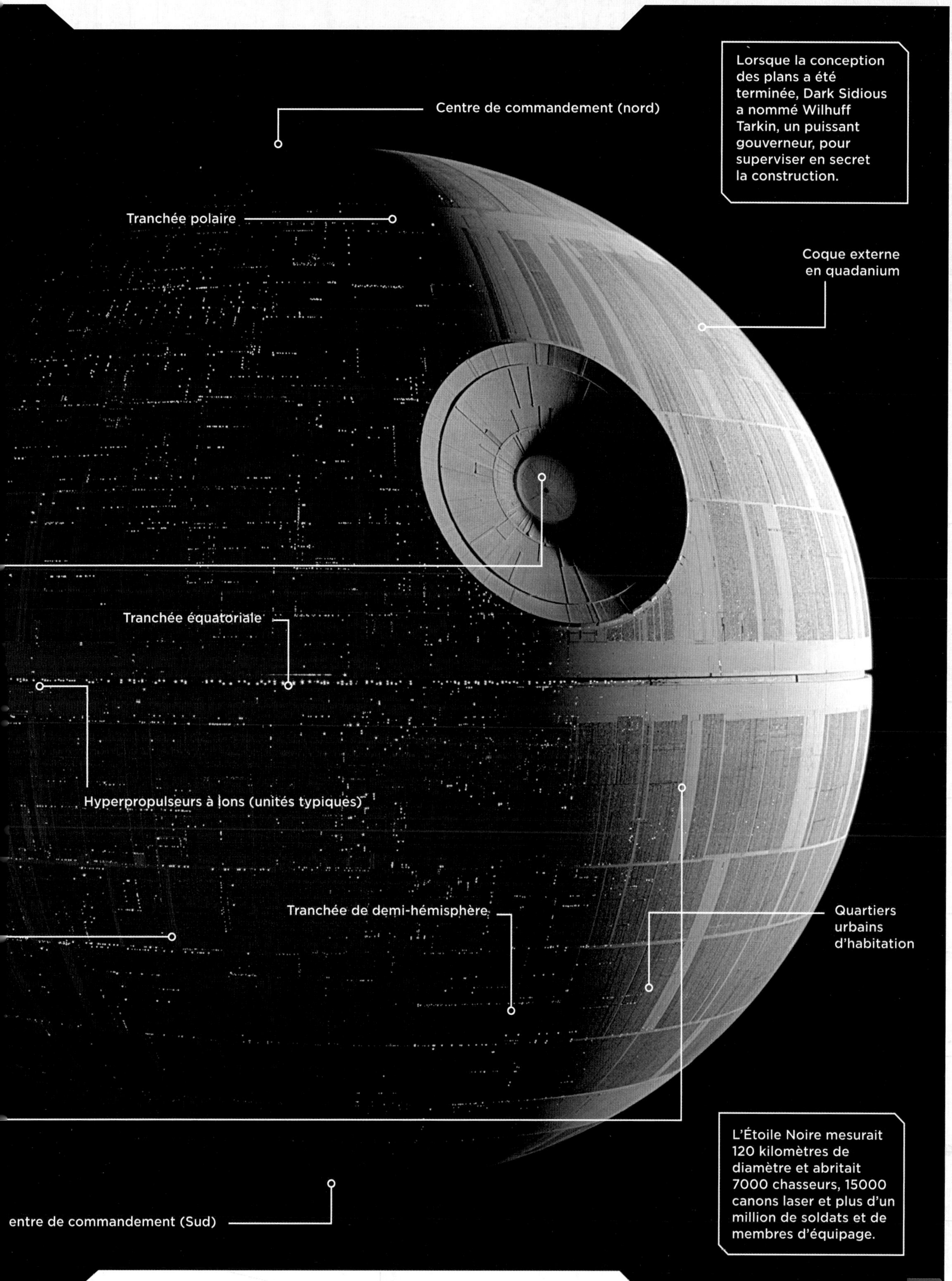

Lorsque la conception des plans a été terminée, Dark Sidious a nommé Wilhuff Tarkin, un puissant gouverneur, pour superviser en secret la construction.

L'Étoile Noire mesurait 120 kilomètres de diamètre et abritait 7000 chasseurs, 15000 canons laser et plus d'un million de soldats et de membres d'équipage.

LA VOIE DU JEDI

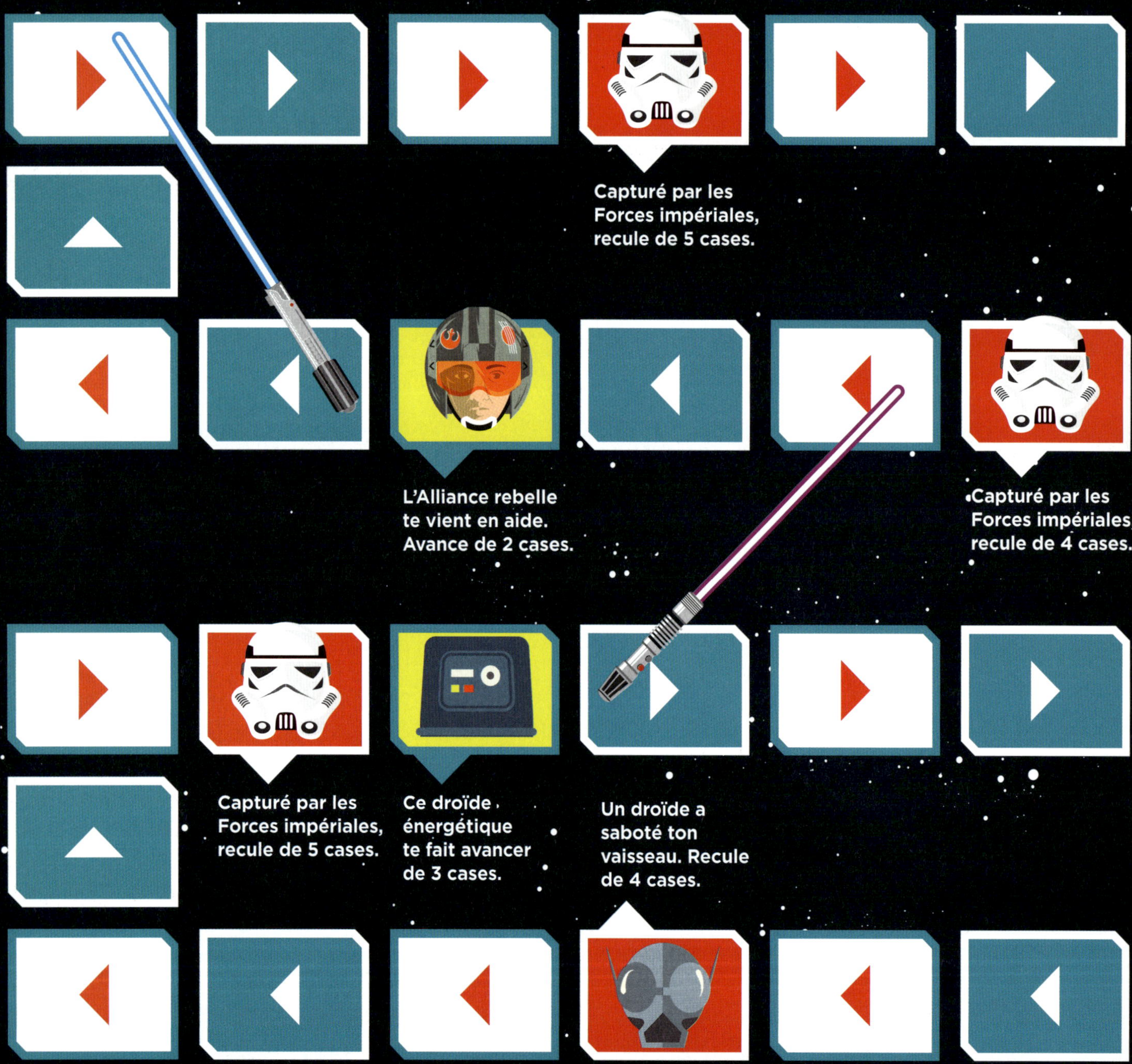

Il faut :

- 2 à 6 joueurs
- Quelque chose pouvant servir de jetons (par exemple, des pièces ou des boutons)
- Un dé
- La Force

Comment jouer :

Lancez le dé chacun votre tour pour avancer sur le plateau. Si vous tombez sur une case avec un sabre laser, avancez vers la case qu'il indique. Si vous tombez sur une case avec un personnage, suivez les instructions. Rappelez-vous, Luke vous donnera un coup de main, mais les stormtroopers vous feront reculer.

Le premier à avoir terminé sera le plus grand des Jedi !

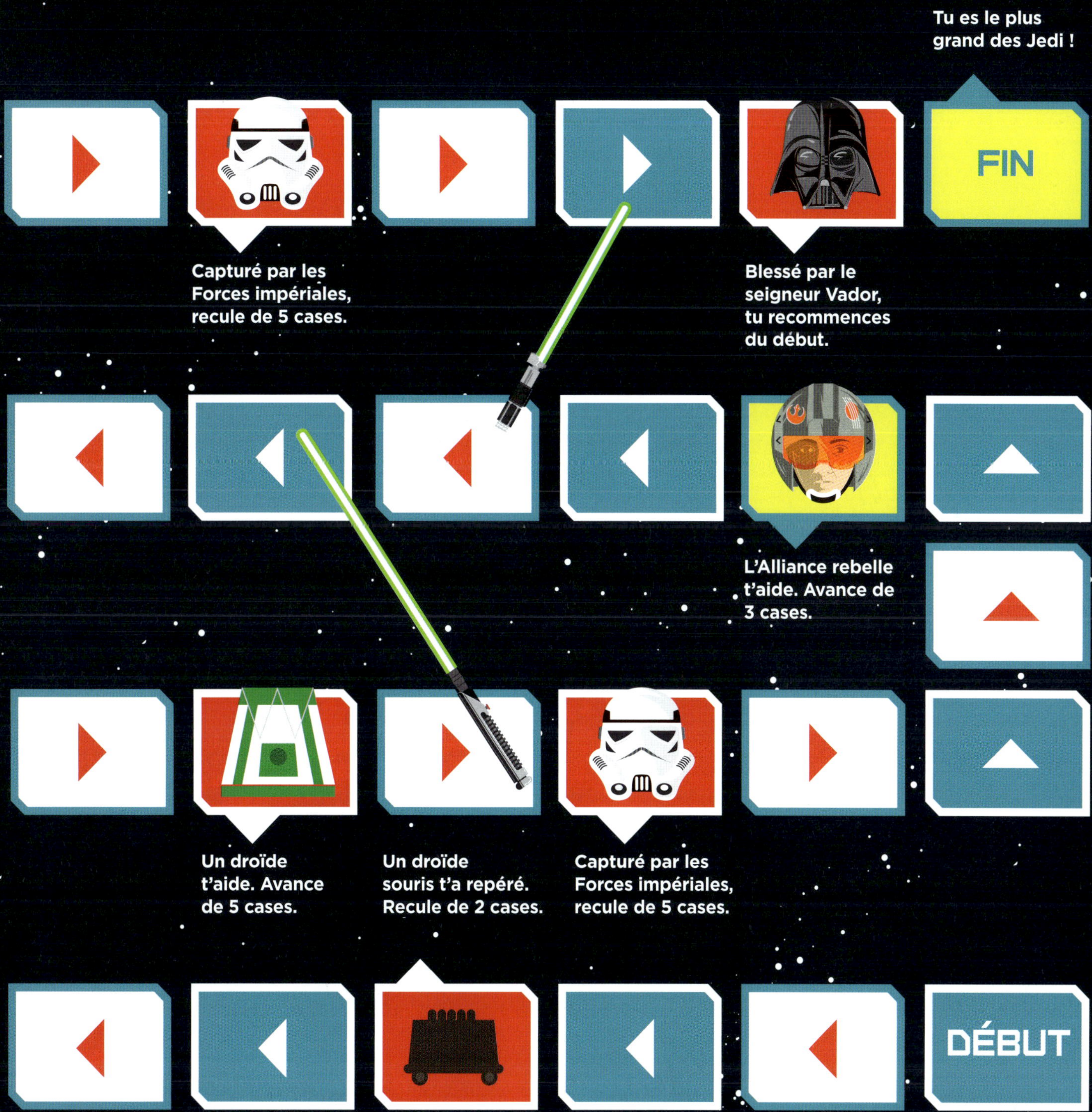

UN GARÇON DE TATOOINE

« AIDEZ-MOI, OBI-WAN KENOBI. »
PRINCESSE LEIA

La corvette de la Princesse Leia est abordée par les Forces impériales puis, une immense silhouette vêtue de noir traverse le carnage résultant de la bataille.

Alors qu'il court partout, paniqué, C-3PO repère R2-D2 avec la Princesse puis s'échappe à bord d'un module de sauvetage avant que cette dernière ne soit capturée par des stormtroopers.

Les droïdes s'écrasent dans le désert et alors que R2-D2 décrit à C3-PO sa mission, ils sont capturés par des Jawas. Pendant ce temps, les stormtroopers se sont lancés à leur recherche.

Les deux droïdes sont présentés aux fermiers locaux par les marchands. Owen Lars et son neveu Luke Skywalker, cherchant un droïde de protocole, achètent C-3PO car il leur a dit maîtriser de nombreux langages. Puisque l'unité R2 qu'Owen avait choisie a explosé, C-3PO convainc Luke que son ami R2-D2 est très fiable. Les deux droïdes se retrouvent donc vite dans la ferme d'Owen.

Lorsque Luke nettoie le petit droïde, il déclenche quelque chose et une partie du message holographique de la Princesse Leia est diffusée en boucle : « Aidez-moi, Obi-Wan Kenobi. Vous êtes mon seul espoir. »

Luke connaît un vieux Ben Kenobi vivant dans le coin et pense qu'il est peut-être lié à cet Obi-Wan, mais R2 ne veut plus passer le message.

Quand Luke revient de dîner, il s'aperçoit que R2-D2 s'est sauvé pour retrouver Obi-Wan seul...

PERSONNAGES EN GROS PLAN

Connais-tu bien tous les personnages de *Star Wars* ?

Les gros plans ci-dessous te suffiront-ils à reconnaître ces personnages ?

1
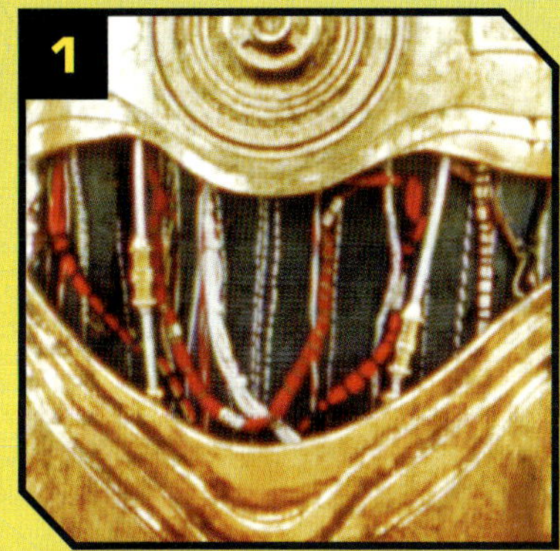

5

2

6
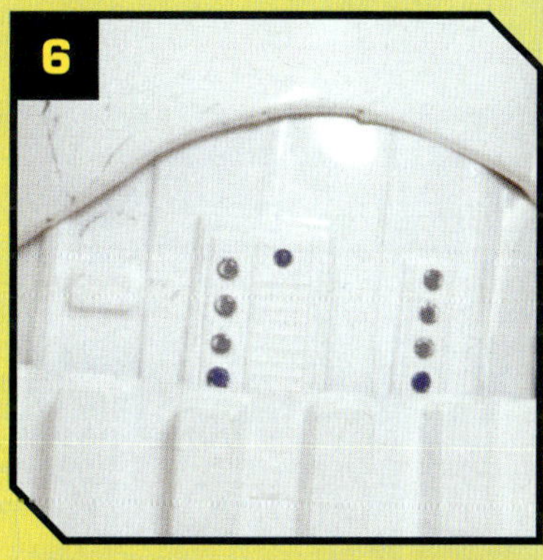

3
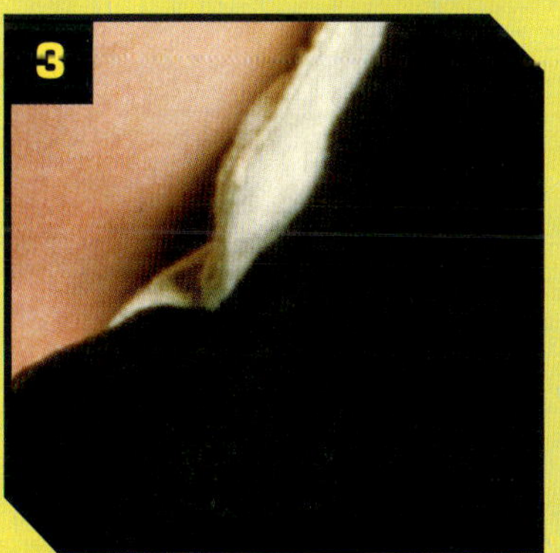

7

4
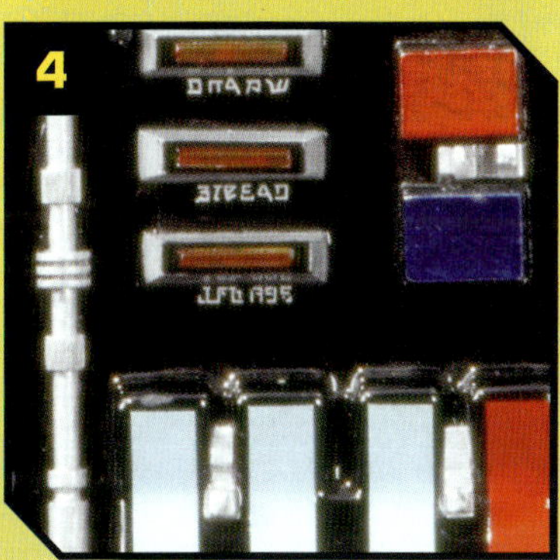

8

PROFIL :

Luke Skywalker

Nom : Luke Skywalker
Espèce : Humaine
Planète natale : Tatooine
Information peu connue : Luke a été élevé dans la ferme de son oncle Owen et de sa tante Beru.
Compétences : Excellent pilote et possédant un don pour la Force, Luke a le potentiel pour devenir un grand maître Jedi.
Armes : Blaster, sabre laser d'Anakin Skywalker (bleu), sabre laser (vert)

PROFIL :

Princesse Leia Organa

Nom : Princesse Leia Organa Leia Amidala Skywalker
Espèce : Humaine
Planète natale : Alderaan
Information peu connue : À 18 ans, la Princesse Leia a été la plus jeune sénatrice de l'histoire de l'Empire galactique.
Compétences : Leia est une politicienne avisée et une excellente tacticienne militaire, sans parler d'une tireuse au pistolaser hors pair.
Arme : pistolaser

LUKE ET OBI-WAN

« CE QUE JE SUIS CONTENT DE VOUS VOIR ! »
LUKE SKYWALKER

Le lendemain matin, Luke et C-3PO se mettent en quête de R2-D2 et le retrouvent rapidement, mais ils sont attaqués par des Hommes des Sables qui assomment Luke. Ils sont sauvés par une mystérieuse silhouette encapuchonnée qui s'avère être Ben Kenobi. Luke lui montre alors R2 et lui apprend que le droïde cherche son ancien maître, Obi-Wan.

— Eh bien, c'est un nom que je n'ai pas entendu depuis longtemps, confie-t-il. C'est moi.

Il apprend alors à Luke que son père était un chevalier Jedi et qu'il avait combattu à ses côtés durant la Guerre des Clones.

— Ton père voulait que cela te revienne, lui dit-il en prenant quelque chose dans un vieux coffre.

C'est le sabre laser du père de Luke, l'arme des chevaliers Jedi. Luke demande donc à Obi-Wan comment son père est mort.

— Un jeune Jedi, Dark Vador, qui avait été mon disciple a rejoint l'ennemi. Il a trahi et assassiné ton père, lui raconte Obi-Wan.

Puis, R2-D2 diffuse le message de la Princesse Leia :

« General Kenobi, jadis vous avez servi mon père, pendant la Guerre des Clones. Il vous demande à nouveau de l'aider à combattre l'Empire. J'ai placé des informations dans le mémorisateur incorporé de ce droïde. Il faut qu'il lui soit livré à Alderaan. »

Obi-Wan dit à Luke qu'il doit apprendre à maîtriser la Force et l'accompagner à Alderaan, mais Luke refuse. Cependant, il accepte de le déposer à une station relais.

Ils découvrent en chemin le véhicule des Jawas. Il a été détruit par les stormtroopers qui tentent de localiser les deux droïdes. Luke fonce à la ferme, mais les stormtroopers sont déjà passés et ont assassiné son oncle et sa tante. Puisque plus rien ne le retient sur Tatooine, il décide de suivre Obi-Wan.

Pendant ce temps, sur l'Étoile Noire, l'Empire prépare son prochain coup contre l'Alliance. Afin de forcer la Princesse Leia à révéler où se trouve la base secrète des rebelles, le Grand Moff Tarkin ordonne de détruire Alderaan, la planète de Leia. Désespérée, elle lui dit ce qu'il veut savoir, mais il détruit tout de même la planète.

SUDOKU D'OBI-WAN

Parviendras-tu à remplir la grille ci-dessous afin que chaque ligne et chaque colonne contiennent toutes les lettres du prénom Obi-Wan sans qu'il y ait de doublon ?

		N		I	
I	O	W		B	
		A	O	W	I
O	W	I	B		
	I		A	N	B
	N		I		

PROFIL :
Obi-Wan Kenobi

Nom : Obi-Wan Kenobi, Ben Kenobi
Espèce : Humaine
Planète natale : Stewjon
Information peu connue : Le « vieux » Ben Kenobi qui vit en ermite est en fait l'un des derniers Jedi à avoir survécu après la Guerre des Clones.
Compétences : Obi-Wan ne se bat plus aussi bien avec un sabre laser, mais il n'a jamais aussi bien maîtrisé la Force.
Arme : Sabre laser (bleu)

LES POUVOIRS DE LA FORCE

Apprends à maîtriser la Force ! La Force est l'énergie qui lie tous les êtres vivants entre eux. Lorsqu'un Jedi ou un Sith parvient à la maîtriser, il peut accomplir des exploits hors du commun.

Il faut des années de méditation et d'entraînement pour maîtriser la Force alors, patience, jeune padawan !

Télékinésie : La Force permet de déplacer des objets ou des gens sans les toucher. Maître Yoda peut même faire bouger des vaisseaux spatiaux !

Télépathie : Les Jedi peuvent percevoir la présence de leurs confrères et communiquer avec eux sur de grandes distances.

Agilité : Les utilisateurs de la Force peuvent bouger à une vitesse incroyable, sauter très haut, voire même défier la gravité pendant un court laps de temps. Leurs réflexes sont si aiguisés qu'ils sont capables de dévier des tirs de blasters avec leur sabre laser.

Éclairs de Force : Les seigneurs Noirs des Sith ont développé une effroyable capacité : celle de lancer des éclairs d'électricité avec le bout de leurs doigts.

« VOS POUVOIRS S'ESTOMPENT, VIEILLARD. »

Luke et Obi-Wan recrutent Han Solo et son copilote Chewbacca pour les emmener jusqu'à Alderaan à bord de leur vaisseau, le *Faucon Millenium.* Arrivés sur place, ils ne trouvent qu'un champ d'astéroïdes... Et l'Étoile Noire. Han et Chewie tentent de s'échapper, mais il est trop tard. Ils sont pris dans un rayon tracteur et amenés à bord.

Dark Vador et des stormtroopers inspectent le *Faucon*, mais ne trouvent personne car nos héros se sont cachés dans des compartiments secrets.

Han et Luke partent ensuite secourir la Princesse. Grâce aux droïdes, ils trouvent le chemin du bloc de détention et font évader Leia.

Pendant ce temps, Obi-Wan a localisé le générateur principal du rayon tracteur et l'éteint. Mais Dark Vador ayant senti la présence de son vieil ennemi, il se porte à sa rencontre.

— Je vous attendais, Obi-Wan. Enfin, nous nous retrouvons, dit Vador. La boucle est bouclée. Quand je vous ai quitté, j'étais votre disciple. Maintenant, je suis le maître.

— Le maître des forces du mal, répond Obi-Wan avant d'entamer le combat. Tu ne peux pas gagner. Si tu me terrasses, je deviendrai plus puissant que tu ne peux l'imaginer.

Lorsque Han, Leia et Luke retournent au vaisseau, ce dernier voit Obi-Wan combattre Vador. Le vieux Jedi lui sourit avant de reculer en tenant son sabre laser droit devant son visage. Dark Vador en profite pour abattre Obi-Wan qui disparaît, ne laissant que sa tunique sur le sol. Luke hurle de désespoir, attirant l'attention des stormtroopers, mais il parvient à rejoindre Han, Leia, Chewie, R2-D2 et C-3PO à bord du *Faucon Millenium* et à s'échapper.

« CE N'EST PAS UNE LUNE. »
OBI-WAN KENOBI

DESSINE DARK VADOR

Il était l'Élu, mais est devenu un seigneur Sith. Pourras-tu dessiner Dark Vador ?

ÉTAPE 1 :
Avec un crayon à papier, dessine les lignes qui représentent schématiquement le corps, la tête et le sabre de Vador.

ÉTAPE 2 :
Ajoute sa cape et son casque puis dessine autour des premières lignes pour étoffer son corps et ses membres.

ÉTAPE 3 :
Efface les traits intérieurs et ajoute les drapés de la cape et sa ceinture.

ÉTAPE 4 :
Ajoute des détails à sa cape, ses bottes et son masque.

ÉTAPE 5 :
Efface les traits que tu trouves inutiles et colorie Dark Vador.

LA DESTRUCTION DE L'ÉTOILE NOIRE

Après l'atterrissage du *Faucon Millenium* sur la lune de Yavin abritant la base de l'Alliance, R2-D2 est remis au commandement des Rebelles pour qu'il analyse les plans de l'Étoile Noire qu'il contient.

L'Étoile Noire a une seule faiblesse : une bouche d'aération. Un chasseur monoplace pourrait s'en approcher par une tranchée pour y tirer une torpille. Un tir direct déclencherait une réaction en chaîne qui ferait exploser le réacteur principal.

Luke se prépare à grimper dans son chasseur lorsqu'il s'aperçoit que Han, ayant reçu sa récompense pour le sauvetage de Leia, s'apprête à partir. Il essaie de le persuader de rejoindre leur cause, mais le contrebandier refuse. Il rejoint alors R2 dans son vaisseau.

Les chasseurs X-Wing de l'Escadron Rouge lancent l'assaut. Certains attirent le feu de l'Étoile Noire tandis que d'autres s'engagent dans la tranchée pour tirer dans la bouche de ventilation. La première tentative de Luke est déjouée par le feu nourri d'un vaisseau impérial. Les rebelles s'approchant trop de la station, Dark Vador a décidé de prendre les choses en main. Après plusieurs essais manqués, c'est de nouveau au tour de Luke. Alors qu'il programme son ordinateur de visée, il entend la voix d'Obi-Wan lui conseillant d'utiliser la Force. Dark Vador est à deux doigts de descendre le chasseur de Luke lorsqu'il est soudainement attaqué par surprise. Han est revenu ! Il a dégagé la voie pour Luke. Celui-ci éteint son ordinateur de visée et tire... En plein dans le mille ! L'Étoile Noire est détruite.

Lors d'une grande cérémonie, la Princesse Leia remet à Luke, Han et Chewie des médailles pour leur héroïsme.

« LA FORCE EST PUISSANTE CHEZ LUI. »
DARK VADOR

LE LABYRINTHE DE L'ÉTOILE NOIRE

Luke et les rebelles doivent détruire l'Étoile Noire. Grâce à la Force, aide Luke à foncer dans ce labyrinthe jusqu'à la bouche d'aération pour qu'il puisse faire exploser le réacteur principal.

LE FAUCON MILLENIUM

LE TAS DE FERRAILLE LE PLUS RAPIDE DE LA GALAXIE

« MODIFIÉ, GRANDEMENT MODIFIÉ, ILLÉGALEMENT MODIFIÉ. »

Nom : *Faucon Millenium*
Fabriquant : Corporation d'ingénierie corellienne.
Modèle : Cargo léger YT-1300f
Propriétaire et pilote : Han Solo
Co-pilote : Chewbacca
Longueur : 34 mètres
Largeur : 25 mètres
Équipement notable : Hyperpropulseur Avatar-10, boucliers déflecteurs, coque en duracier, système de navigation stellaire, ordinateur de navigation Rubicon
Armes : Quadruple canons laser, missiles à concussion, canon blaster rétractable

Le *Faucon* vole au secours de Luke alors qu'il tente de faire exploser l'Étoile Noire. Han fond sur les chasseurs TIE pour dégager le passage au nouveau Jedi.

Incroyablement rapide, le vaisseau monte jusqu'à 1,5 fois la vitesse de la lumière. Il peut faire le Raid sur Kessel (une route connue des contrebandiers) en 12 parsecs au lieu de 18.

Les rebelles veulent détruire l'Étoile de la Mort et Han cède le pilotage du *Faucon* à Lando et à son copilote Nien Nunb.
Les deux rebelles volent jusque dans les entrailles de la station pour la détruire.

Le *Faucon* a été modifié de nombreuses fois par ses différents propriétaires afin de remplir différents rôles : frégate médicale, cargo de contrebandier, vaisseau de guerre. Après nombre de collisions et attaques et tout autant de réparations, il ne ressemblait, la dernière fois qu'il a été vu en 44 PBY, en rien au cargo construit en 60 ABY.

Le *Faucon Millenium* est un cargo à l'histoire chargée. Han Solo a gagné le vaisseau lors d'une partie de Sabacc contre Lando Calrissian. Han et son copilote wookie, Chewie, étaient des contrebandiers. Ils ont fait bon usage des nombreuses cachettes à bord du cargo.

PROFIL :
Han Solo

Nom : Han Solo
Espèce : Humaine
Planète natale : Corellia
Information peu connue : Han a gagné le *Faucon Millenium* lors d'une partie de Sabacc contre Lando Calrissian.
Compétences : Au-delà de ses talents bien connus de pilote, Han a aussi la gâchette rapide.
Arme : Pistolaser lourd

PROFIL :
Chewie

Nom : Chewbacca
Espèce : Wookiee
Planète natale : Kashyyyk
Information peu connue : Chewie a des griffes, mais il ne serait pas honorable de les utiliser au combat alors, il ne s'en sert que pour grimper.
Compétences : Ingénieur de génie, Chewbacca a apporté de nombreuses modifications au *Faucon*.
Arme : Arbalète laser.

LA BATAILLE DE HOTH

Le commandant Skywalker patrouille près de la Base Écho sur la planète Hoth lorsqu'il est attaqué par un wampa. Han Solo, se faisant du souci car la température chute rapidement, prépare un tauntaun et part chercher son ami. Pendant ce temps, Luke se réveille suspendu la tête en bas dans la grotte du wampa. Il se sert de la Force pour récupérer son sabre laser puis, il se libère avant de trancher le bras de la créature et de s'échapper.

Han le retrouve inconscient dans la neige et il ouvre le tauntaun avec le sabre de Luke pour le garder au chaud le temps de construire un abri. Tandis qu'il est évanoui, Luke voit le fantôme d'Obi-Wan qui lui dit d'aller trouver le maître Yoda, sur Dagobah, afin de parfaire sa formation de Jedi. Le lendemain, les deux amis sont ramenés à la base.

Plus tard, les rebelles détectent une sonde impériale. Leur repaire étant découvert, ils se préparent pour la bataille.

Les TB-TT de l'Empire s'approchent dans le but de détruire les générateurs. Les tirs de laser rebondissant sur leur blindage, Luke a recours à une autre stratégie.

— Utilisez les harpons et les câbles de remorquage !

Un des speeder des neiges rebelle enroule un câble autour des jambes d'un TB-TT qui s'écroule au sol.

Les forces rebelles ne peuvent endiguer l'assaut sur la Base Écho et la Princesse Leia lance l'évacuation peu avant que les stormtroopers envahissent la base.

Dehors, le speeder de Luke a été détruit, mais il parvient tout de même à abattre un marcheur impérial. Il rentre ensuite à pied. à la base où R2-D2 l'attend à bord d'un chasseur. Ils décollent rapidement, fuyant la Bataille de Hoth.

«PAS AMICAL, EN TOUT CAS.»
HAN SOLO

ŒUVRE D'ART IMPÉRIALE

Utilise la grille pour t'aider à reproduire cette image d'un TB-TT.

LES CRÉATURES DE HOTH

WAMPA

Prédateurs les plus redoutés de Hoth, les wampas peuvent atteindre plus de 3 mètres et 200 kilos. Leurs griffes acérées leur permettent de se creuser une tanière dans la glace.

TAUNTAUN

Ces créatures à sang chaud sont utilisées par les rebelles comme moyen de transport et bêtes de somme. Ce sont aussi les proies principales des wampas.

MAITRÎSER LA FORCE

« NOUS PERDONS NOTRE TEMPS. »

LUKE SKYWALKER

Les appareils du vaisseau tombent en panne quand il traverse le brouillard entourant Dagobah et il s'écrase dans les marais. Luke et R2 partent en quête de Yoda, tandis que leur chasseur s'enfonce.

Ils tombent sur une petite créature verte avec des oreilles pointues et une canne qui leur dit savoir où trouver le maître Jedi, mais Luke ne peut contenir sa frustration :

— Nous perdons notre temps ! crie-t-il.

— Je ne peux rien lui apprendre. Cet enfant n'a aucune patience, murmure la créature.

— Il apprendra la patience, lui répond la voix d'Obi-Wan.

— Hmm. Trop de colère en lui. Comme son père. Il n'est pas prêt, déclare la créature et Luke comprend alors qu'il s'agit de maître Yoda.

— Je ne te décevrai pas. Je ne connais pas la peur, affirme Luke.

— Tu auras peur, rétorque-t-il.

Luke commence sa formation immédiatement. Il court dans les marais, monte le long de lianes et se balance d'arbre en arbre, le tout en portant Yoda.

— L'énergie d'un Jedi émane de la Force, lui enseigne Yoda. Mais méfie-toi du côté obscur. La colère, la peur, l'agressivité. Le côté obscur elles forment. Te consumer il pourrait, comme il l'a fait de l'apprenti d'Obi-Wan.

— Vador, dit Luke. Comment reconnaître le bon côté du mauvais ?

— Tu le sauras, lui promet Yoda.

Pendant ce temps, l'Empereur explique à Dark Vador que le fils d'Anakin Skywalker représente une menace pour l'Empire.

— Il pourrait nous détruire, lui dit Palpatine. Mais Vador lui promet de convertir Luke au côté obscur :

— Il sera des nôtres ou il mourra, maître.

ES-TU AUSSI SAGE QUE YODA ?

Réponds à ces questions pour le découvrir.

1) De quelle planète viennent les Wookies ?

A. Kashyyyk
B. Tatooine
C. Wookiine

2) Quel vaisseau a fait le Raid sur Kessel en 12 parsecs ?

A. Un chasseur TIE
B. Le *Faucon Millenium*
C. Un chasseur X-Wing

3) Que veut dire TB-TT ?

A. Tank Banalisé de Transport de Troupes
B. Transport Barricadé de Troupes Terrifiantes
C. Transport Blindé Tout Terrain

PROFIL :
Yoda

Nom : Yoda
Espèce : Inconnue
Planète natale : Inconnue
Information peu connue : Bien qu'il soit très âgé et qu'il ne mesure que 0,66 mètres, il est certainement le plus grand maître Jedi de tout l'univers.
Compétences : Grande sagesse. Sa maîtrise de la Force est très grande et il est le meilleur guerrier de l'Ordre Jedi.
Armes : sabre laser (vert) et canne

L'ENTRAÎNEMENT DU JEDI

Tu penses être assez fort pour devenir un Jedi ? Voici quelques exercices pour ne faire qu'un avec la Force.

Il te faut :
- Une balle de tennis
- Un ami (ou un mur)

Lancer et attraper une balle est un bon moyen d'améliorer sa coordination mains-yeux et d'aiguiser ses réflexes de Jedi. Entraîne-toi d'abord à attraper la balle avec tes deux mains puis seulement avec une et n'oublie pas de changer de main.
La Force est-elle puissante en toi ? Essaie de faire de même, mais avec plusieurs balles.
Es-tu un maître Jedi ? Écris un chiffre ou une lettre sur chaque balle. Lance les balles en l'air et lis à voix haute ce qui est écrit dessus avant de les attraper.

HAN ET LEIA SONT CAPTURÉS

Dark Vador a recruté des chasseurs de primes pour retrouver le *Faucon Millenium* lorsqu'il apparaît soudain sur leurs radars. Han et Chewie pilotent de main de maître pour éviter les astéroïdes et les tirs impériaux. Ils tentent de passer en vitesse-lumière, mais l'hyperpropulseur est endommagé. Han réfléchit vite et fait demi-tour pour foncer sur les croiseurs stellaires. Il passe si près d'eux qu'il disparaît de leurs écrans… En fait, il s'est caché sur un des croiseurs et est donc indétectable. Il a l'intention d'attendre que les impériaux vident leurs déchets pour se laisser dériver avec eux.

En cherchant un refuge, il repère la Cité des Nuages, une station minière flottant au-dessus de la planète Bespin. Il se détache alors du croiseur et se dirige vers la colonie sans se rendre compte qu'il est suivi par un chasseur de primes extrêmement rusé et dangereux, Boba Fett.

« JE LES VEUX VIVANTS. »
DARK VADOR

Lando semble heureux de voir son ami lorsqu'il les accueille à l'atterrissage, mais Leia s'en méfie et est sûre qu'il se passe quelque chose d'étrange dans la cité.

Lando convie ses invités à se rafraîchir, mais c'est un piège ! Dark Vador et Boba Fett les attendent. Vador enferme tout le monde sauf Han qui sert de cobaye pour la congélation dans de la carbonite, le seigneur Sith voulant s'assurer qu'elle fonctionnera sur Luke. Boba Fett, quant à lui, pourra apporter Han congelé à Jabba le Hutt, un gangster intergalactique à qui le contrebandier doit de l'argent.

REBELLE DANS DE LA CARBONITE

Han a été congelé dans de la carbonite. Ça va être le tour de Luke. Résous les anagrammes ci-dessous avant qu'il ne soit trop tard.

R D O A   R V D K A

N I O E T B A R C

NIDS CEU TESGAE

O B B T   T E A F

PROFIL :
Lando Calrissian

Nom : Lando Calrissian
Espèce : Humaine
Planète natale : Inconnue
Information peu connue : Lando était un joueur professionnel et un contrebandier avant de devenir le baron de la Cité des Nuages.
Compétences : Pilotage, contrebande, négociation et charme irrésistible.
Arme : Pistolaser

LE QUIZ DU *FAUCON MILLENIUM*

Pourrais-tu piloter le *Faucon Millenium*, le tas de ferraille le plus rapide de la galaxie ? Passe ce test et nous verrons si tu obtiendras ton brevet de pilote.

1/ Quelles sont les deux armes à bord du *Faucon Millenium* ?

A. Canon blaster rétractable
B. Torpilles superlaser
C. Quadruple canons laser
D. Missiles supersoniques

2/ Il est illégal pour un vaisseau de la taille du *Faucon* d'être si lourdement armé.

☐ VRAI ☐ FAUX

3/ Quel est le modèle du *Faucon Millenium* ?

A. Cargo léger YT-1300
B. Cargo de Coruscant AA-9
C. Cargo de classe Venture
D. Chasseur Naboo

4/ Comment Han Solo est-il devenu propriétaire du *Faucon* ?

A. Il l'a gagné lors d'une partie de Sabbac contre Lando Calrissian
B. Il l'a trouvé abandonné sur Tattooine
C. Il l'a construit lui-même
D. Il l'a gagné à un bras de fer contre Jabba le Hutt.

Quel est ton score ?

Tu pensais sincèrement qu'il suffisait de réussir un quiz ou passer un brevet pour piloter le *Faucon Millenium* ? SI oui, ce n'est pas un vaisseau pour toi !

Photo : ***FAUCON MILLENIUM***

UN COMBAT DÉSESPÉRÉ

Réinitialisez les systèmes pour Skywalker et faites en sorte qu'il arrive ici, ordonne Vador.

Luke cherchait Han et Leia, mais se retrouve face à Dark Vador.

— La Force est avec toi, jeune Skywalker, mais tu n'es pas encore un Jedi, déclare Vador.

Luke s'approche de lui et allume son sabre laser. Le duel commence !

— Seule ta haine peut me détruire, le nargue Vador.

Luke se défend et pousse le seigneur Noir de la plateforme. Puis, son ennemi projette différents objets grâce à la Force et l'un d'eux casse une vitre. Luke est alors aspiré dans le vide. Il parvient à se raccrocher et à se hisser sur une plateforme.

Sur l'étroit rebord, Luke frappe Dark Vador à l'épaule, mais ce dernier riposte et lui coupe la main.

— Ne me force pas à te détruire, le prévient Vador. Joins-toi à moi et je terminerai ta formation.

— Je ne serai jamais votre allié, hurle Luke, de colère.

« JOINS-TOI À MOI OU MEURT. »
DARK VADOR

— Obi-Wan ne t'a jamais dit ce qui est arrivé à ton père, commence Vador.

— Oh, il m'en a dit assez. Il m'a dit que vous l'avez tué, réplique Luke.

— Non. Je suis ton père.

Luke hurle de désespoir.

— Tu peux détruire l'Empereur. Il l'a prédit. Sois mon allié et nous règnerons sur la galaxie comme père et fils !

Luke regarde Vador puis se laisse tomber dans le précipice. Il est vite aspiré dans un conduit et glisse jusqu'à tomber et s'accrocher à une antenne sous la Cité des Nuages. Désespéré, il appelle à l'aide.

Pendant ce temps, avec l'aide de Lando, Leia s'est échappée à bord du *Faucon*. Elle entend l'appel de Luke et fait demi-tour pour le sauver.

UTILISE LA FORCE !

Combien de fois peux-tu trouver le mot « Force » dans la grille ci-dessous ?

E	F	O	C	E	F	O	R	C	F	F	O	R	C	F
C	F	E	F	F	E	F	F	O	O	E	C	F	F	E
C	E	C	R	O	F	F	C	F	E	C	R	O	F	O
F	O	R	F	C	O	F	E	C	R	O	R	C	C	F
O	E	F	O	R	C	E	F	C	F	C	R	C	E	E
R	C	E	C	F	E	O	F	E	E	F	O	R	C	F
F	R	E	R	R	R	E	F	O	R	C	E	R	F	F
E	O	E	F	C	F	C	F	R	R	F	O	E	O	R
F	F	R	E	R	C	R	C	O	R	C	C	C	E	C
O	C	E	C	F	E	E	C	R	O	F	E	R	O	E
F	F	R	F	R	R	F	F	R	E	C	C	O	C	F
O	R	O	O	F	E	E	C	R	O	F	C	F	E	F
F	R	F	R	F	F	O	R	C	E	C	O	F	F	E

PROFIL :

L'Empereur

Nom : Dark Sidious, sénateur Palpatine
Espèce : Humaine
Planète natale : Naboo
Information peu connue : Sa vie entière a été dédiée à la réussite d'un plan vieux de mille ans visant à renverser la République et l'Ordre Jedi.
Compétences : Tous les pouvoirs du côté obscur, dont les éclairs de Force.
Arme : sabre laser (rouge)

LE CHEMIN VERS LE CÔTÉ OBSCUR

Deux chemins mènent au côté obscur et feront de toi un seigneur Sith. Un seul mène à Luke et à la formation des Jedi. Sauras-tu trouver le bon chemin pour rejoindre les Jedi ?

LES SEIGNEURS SITH:

SERVITEURS ANCESTRAUX DU CÔTÉ OBSCUR

« UN INDIVIDU EST MORTEL, MAIS LES SITH SONT ÉTERNELS. »

Il y a des millénaires, un chevalier Jedi a cédé au côté obscur et a été rejeté par les autres Jedi. Il a rapidement attiré nombre d'adeptes et c'est ainsi que l'Ordre Sith est né. Ce culte a bien vite disparu en raison des luttes intestines qui ont permis aux Jedi de l'éradiquer facilement.

Cela a poussé un survivant, Dark Bane, à réorganiser l'Ordre de façon à ce qu'il n'y ait qu'un seul maître et un seul apprenti en même temps. Lorsque l'apprenti a tout appris de son mentor, il est de son devoir de le tuer et de prendre à son tour un élève afin de perpétuer le culte.

LE CODE DES SITH

- LA PAIX EST UN MENSONGE.
- IL N'Y A QUE LA PASSION.
- LA PASSION M'APPORTERA LA PUISSANCE.
- LA PUISSANCE M'APPORTERA LE POUVOIR.
- LE POUVOIR M'APPORTERA LA VICTOIRE.
- LA VICTOIRE BRISERA MES CHAÎNES.
- LA FORCE ME LIBÉRERA.

LA RÈGLE DES DEUX

Dark Bane a établi la règle des deux. Décrypte le code ci-dessous pour savoir ce qu'il dit. Attention, il manque deux lettres que tu devras trouver seul.

QUEL EST TON NOM DE SEIGNEUR SITH ?

Pour savoir quel est ton nom de Sith, prends les trois premières lettres de ton nom de famille et accoles-y les trois premières de ta ville de naissance.

Tu es donc : DARK ______________________

LA DÉCORATION PRÉFÉRÉE DE JABBA

« JE TROUVE LE CAPITAINE SOLO TRÈS BIEN OÙ IL EST. »

JABBA LE HUTT

Luke envoie C-3PO et R2-D2 négocier la libération de Han auprès de Jabba le Hutt, un dangereux gangster ressemblant à une énorme limace. Jabba rit car il ne croit pas que Luke soit un Jedi. De plus, il ne veut pas se défaire de sa décoration favorite. Han, congelé dans la carbonite, est accroché à un des murs.

Plus tard, un chasseur de primes vient remettre Chewie à Jabba contre une récompense. Durant la nuit, le mercenaire se faufile dans le palais et libère Han. Celui-ci s'effondre au sol et se rend compte que son sauveur est en fait Leia. À ce moment-là, un rideau s'ouvre, laissant apparaître Jabba. Han et Leia sont arrêtés.

Le lendemain, Luke lui-même arrive et menace Jabba de le détruire s'il refuse son offre. La limace ouvre alors une trappe sous les pieds du Jedi qui tombe dans un puits. Il se retrouve piégé dans la cage d'un effrayant rancor aux dents acérées. Tandis qu'il tente de s'échapper, Luke aperçoit l'interrupteur commandant une lourde porte d'acier. Il jette une grosse pierre dessus et la porte s'abaisse sur le monstre, le tuant sur le champ.

Luke et Han sont amenés devant Jabba. Il décrète qu'ils seront conduits en barges volantes au-dessus de la Mer de Sable et jetés dans la gueule de Sarlacc qui les digérera pendant un millénaire.

Peu avant leur exécution, Luke bondit et se saisit de son sabre laser que R2-D2 a projeté en l'air, depuis la barge principale. Avec l'aide de Lando qui se faisait passer pour un des gardes de Jabba, nos héros réussissent à renverser la situation.

TESTE TES CONNAISSANCES :
Sur quelle planète vit Jabba le Hutt ?

PROFIL :
Jabba le Hutt

Nom : Jabba Desilijic Tiure
Espèce : Hutt
Planète natale : Nal Hutta
Information peu connue : Jabba est hermaphrodite, il est à la fois mâle et femelle.
Compétences : : L'influence de cet impitoyable seigneur du crime s'étend à toute la galaxie.
Arme : Une armée de redoutables et loyaux hommes de main et chasseurs de primes.

CONNAIS TON ENNEMI

Lorsqu'on affronte un ennemi aussi dangereux que Jabba le Hutt, il vaut mieux avoir toutes les cartes en mains. À chaque information correspond une opération. Si son résultat finit par un 5, alors elle est vraie. Entoure celles qui le sont.

1) **17 + 8 =** ______

Jabba garde un rancor dans un puits secret.

2) **15 + 2 =** ______

Jabba est une Hutt femelle.

3) **9 - 4 =** ______

Jabba est surnommé « la grosse limace », mais rarement en sa présence.

4) **27 - 2 =** ______

Le premier lieutenant de Jabba s'appelle Bib Fortuna.

5) **8 + 20 =** ______

Jabba a deux petites jambes qui sont dissimulées par son gros corps.

6) **9 x 2 =** ______

Jabba n'a jamais employé Han Solo comme contrebandier.

UNE ERREUR FATALE ?

Les rebelles se rassemblent afin d'élaborer une stratégie car, selon leurs informations, l'Empire a bâti une nouvelle station, l'Étoile de la Mort, dont le système d'armement n'est pas opérationnel. La flotte impériale étant disséminée à la recherche des rebelles, la station est donc sans défense. De plus, l'Empereur lui-même se trouve à bord de l'Étoile de la Mort pour superviser les travaux.

L'Amiral Ackbar explique que la station est en orbite autour de la lune forestière d'Endor et qu'elle est protégée par un puissant champ de force émis depuis la lune. Ce bouclier devra être désactivé pour que l'attaque puisse avoir lieu. Une escouade de chasseurs rebelles, menée par Lando Calrissian qui est devenu un des généraux de l'Alliance rebelle, devra faire exploser le réacteur principal.

Les rebelles comptent utiliser une navette impériale volée pour faire passer sur la lune une petite équipe qui désactivera le champ de force.

« JE VAIS M'EN OCCUPER MOI-MÊME. »

DARK VADOR

Cette petite troupe sera notamment constituée du général Solo, de Chewie, de Leia et de Luke.

Han prête avec réticence le *Faucon Millenium* à Lando, mais lui fait promettre de le ramener sans une éraflure, puis il rejoint son équipe à bord de la navette impériale et décolle pour la lune d'Endor.

À l'approche de leur cible, ils sont contrôlés par le commandement impérial. Luke sent la présence de Vador sur le croiseur interstellaire tout comme Vador sent la sienne. Cependant, il ordonne à ses lieutenants de laisser passer la navette. Il s'occupera des rebelles lui-même sur la lune.

EN CONSTRUCTION

L'Empire est en train de bâtir sa deuxième station de combat. Si tu devais en créer une, à quoi ressemblerait-elle ? Dessine-la ci-dessous !

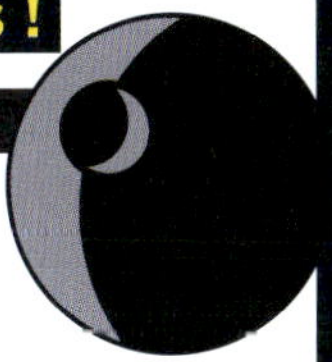

L'Étoile Noire !

DONNE UN NOM À TA STATION DE COMBAT.

PROFIL :

Stormtroopers

Espèce : Clones de Jango Fett et soldats d'élite humains recrutés sur les mondes de l'Empire
Planète natale : Diverses
Information peu connue : Dans la première version du script, les stormtroopers avaient des sabres laser et ils comptaient des femmes dans leurs rangs.
Compétences : Troupes d'élite de l'Empire, les stormtroopers sont les soldats les mieux entraînés de la galaxie.
Armes : Blasters, détonateurs thermiques et de nombreux véhicules comme les marcheurs TB-TT.

COMPRENDRE YODA

Les lettres des derniers mots que Yoda adresse à Luke ont toutes été remplacées par celle qui la suit ou qui la précède, dans l'ordre alphabétique. Utilise la Force pour décrypter ce qu'il a dit à Luke.

HK X B

VM BVSTD

RLXVBKJDT

ÉPISODE VI : LE RETOUR DU JEDI

L'ASSAUT DES REBELLES

L'escouade rebelle est en route pour désactiver le bouclier lorsqu'elle est capturée par une race de petites créatures à fourrure, les Ewoks qui, étrangement, se mettent à vénérer C-3PO dès qu'ils le voient !

— Pourquoi ne te sers-tu pas de ta divine influence pour nous sortir de là ? lui demande Han, sarcastique.

— Pardonnez-moi, général Solo, mais je ne suis pas programmé pour me faire passer pour une divinité, réplique le droïde.

Puis, les Ewoks ligotent les autres rebelles et les ramènent à leur village. Sur le point d'être mangés, Luke demande à C-3PO de dire aux Ewoks de libérer ses amis ou il se mettra en colère et utilisera ses pouvoirs magiques. Devant le refus des Ewoks, il utilise la Force pour faire léviter C-3PO. Les créatures relâchent alors tout le monde et acceptent même d'aider les rebelles.

Plus tard, Luke apprend à Leia qu'il doit affronter Dark Vador, son père, seul et que s'il ne revient pas, elle sera le dernier espoir de l'Alliance.

« JE SAIS QU'IL Y A DU BON EN VOUS. »
LUKE SKYWALKER

— Luke, ne parlez pas comme ça. Vous avez des pouvoirs que je n'aurai jamais, lui répond la Princesse.

— Vous vous trompez, Leia. Vous avez ce pouvoir. La Force est puissante dans ma famille. Mon père a ce don, j'ai ce don et... Ma sœur l'a aussi.

Bien que choquée, Leia comprend qu'elle l'a toujours su.

— Il y a toujours du bon en lui. Je peux le sauver, le faire revenir du bon côté, affirme Luke.

Vador débarque sur la lune et retrouve Luke, qui s'est rendu aux impériaux.

— L'Empereur t'attend depuis longtemps, lui dit Vador. Tu ne connais pas le pouvoir du côté obscur. L'Empereur te montrera la vraie nature de la Force.

L'AIDE DES EWOKS

Les Ewoks ont accepté de montrer à Luke, Leia, Han et les droïdes le chemin vers le générateur de bouclier. Suis les cases pour aider les rebelles à atteindre leur objectif.

▼ DÉBUT

A	B	A	A	A	A	B	B	D	A
D	A	B	D	C	B	B	B	D	B
D	C	B	D	B	B	B	B	C	D
C	B	B	D	C	C	B	B	A	B
B	C	C	A	D	D	B	C	D	B
B	D	B	A	D	A	B	C	D	B
A	A	A	A	D	D	A	A	D	B
D	C	B	A	A	B	B	C	C	C
D	B	C	C	D	A	A	B	D	C
C	A	D	B	B	C	B	A	A	A

▶ FIN

A = DROITE
B = BAS
C = GAUCHE
D = HAUT

PROFIL :
Ewoks

Espèce : Ewoks
Planète natale : La lune forestière d'Endor
Information peu connue : Il n'est jamais fait mention du nom des Ewoks que ce soit durant l'épisode VI ou dans le générique.
Compétences : Féroces guerriers, ils se servent de la forêt pour traquer et piéger leurs ennemis. Les stormtroopers ont grandement sous-estimés ces petits guerriers à fourrure.
Armes : Lances, frondes et différents pièges.

INDICES IMAGÉS

Tu ne parles sûrement pas l'ewokais (à moins de maîtriser plus de six millions de formes de communication, comme C-3PO), mais sais-tu quels mots ou expressions représentent ces images ?

1 EDNOM

2 MILUNLION

3 PRO/ MESSE

4 CHANCE CHANCE CHANCE CHANCE

LA PROPHETIE EST RÉALISÉE

Sur l'Étoile de la Mort, Luke est conduit devant l'Empereur.

– Tes amis vont tomber dans un piège. L'armement de cette station est opérationnel, se vante l'Empereur. Tu veux ce sabre laser, n'est-ce pas ? Prends-le, je ne suis pas armé. Sers-t'en. À chaque instant que tu laisses passer, tu deviens un peu plus mon esclave.

L'Empereur donne alors l'ordre d'utiliser le superlaser de la station contre la flotte rebelle. Désespéré, Luke récupère son arme et attaque Vador avant de se ressaisir.

— Je ne veux pas me battre avec vous, père.

— Tes pensées te trahissent. Si tu ne passes pas du côté obscur, peut-être que ta sœur le fera.

Fou de rage, Luke se rue sur Vador et lui coupe le bras.

— Bien, jubile l'Empereur. Ta haine t'a rendu plus puissant. Accomplis ton destin et prend la place de ton père à mes côtés.

— Jamais, lui répond Luke en jetant son sabre laser. Je ne viendrai jamais du côté obscur. Je suis un Jedi, comme mon père l'a été avant moi.

« JE NE VOUS COMBATTRAI PAS, PÈRE »
LUKE SKYWALKER

L'Empereur projette alors des éclairs de Force sur Luke qui hurle de douleur :

— Père ! Je vous en prie !

Vador ne tient plus. Il saisit l'Empereur et le jette dans un puits, le tuant pour de bon. L'équipe de Han ayant abaissé le bouclier, l'Étoile de la Mort va exploser, mais Vador a été mortellement blessé par les éclairs de l'Empereur.

— Va, mon fils. Laisse-moi, dit-il à Luke.

— Je ne vous laisserai pas ici. Il faut que je vous sauve, lui répond-il.

Dans un dernier souffle, Anakin le rassure :

— Mais tu l'as déjà fait.

Luke et le *Faucon Millenium* parviennent à s'échapper de l'Étoile de la Mort de justesse.

SOLUTIONS

Page 9
STAR-DOKU

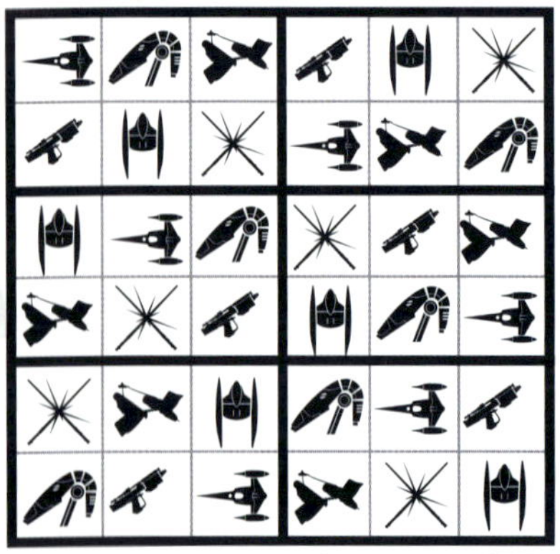

Page 11
JEU DE MOTS GUNGAN

Dou : **Deux**
Missa : **Je, je suis, moi, mon**
Cinglerie : **Folie**
Ex couisé moué : **Excusez-moi**
Missa saluta voussi, missa : **Salutations, je viens en paix.**
Crapaud poltron : **Lâche**
Missa rien fait ! : **Je n'ai rien fait !**

Page 13
LE CONSEIL JEDI

1. Non
2. Ronde
3. Marron
4. Marron
5. Faux

«IL NE SERA PAS FORMÉ.»
Chargé de nuages son avenir est.

Page 15
LA RÈGLE DES DEUX

QUIZ SUR LE FILM

1. Vrai
2. Faux, il en a dix.
3. Vrai
4. Vrai et faux ! il ne cligne qu'une fois, quand Obi-Wan le tue. Sinon, il ne cligne jamais des yeux.
5. Faux, c'est le fils de George Lucas.
6. Vrai

Page 19
QUI EST JANGO FETT ?

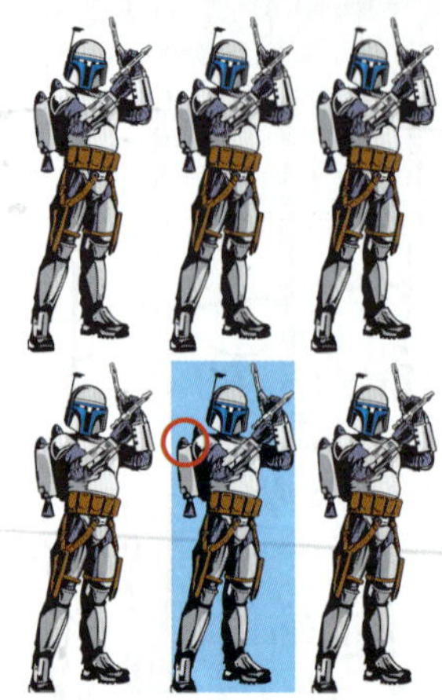

Page 21
LA PROMESSE D'ANAKIN

« Je serai le plus puissant des Jedi. »

SUR LES TRACES DES FETT

33	30	3	25	25	0	35	5	35	25	35	5	35	8	8
35	35	9	10	10	20	20	20	22	24	11	19	20	24	20
20	25	12	15	18	25	25	25	25	25	25	25	25	25	25
20	25	22	23	6	0	35	5	35	25	35	13	11	10	11
10	1	11	10	9	20	20	20	22	24	11	13	24	22	1
1	10	1	1	12	25	25	25	25	25	25	2	2	2	2
2	4	8	8	3	10	7	13	11	10	11	22	7	14	7
25	25	25	25	9	14	14	13	24	22	1	14	14	14	14
35	25	35	13	18	33	30	2	2	2	2	32	32	32	32
22	24	11	13	32	32	18	22	22	21	33	30	22	22	22
22	22	25	25	25	25	21	3	6	9	22	21	26	26	26
26	26	35	25	35	13	26	26	26	26	26	18	15	12	21
29	29	22	24	11	13	29	29	29	29	29	29	29	29	24
0	35	5	35	25	35	26	35	25	35	13	23	23	24	9
20	20	20	22	24	11	29	22	24	11	13	7	5	8	3

Page 23
UNE VOLONTÉ DE JEDI

LE MAÎTRE ET L'APPRENTI

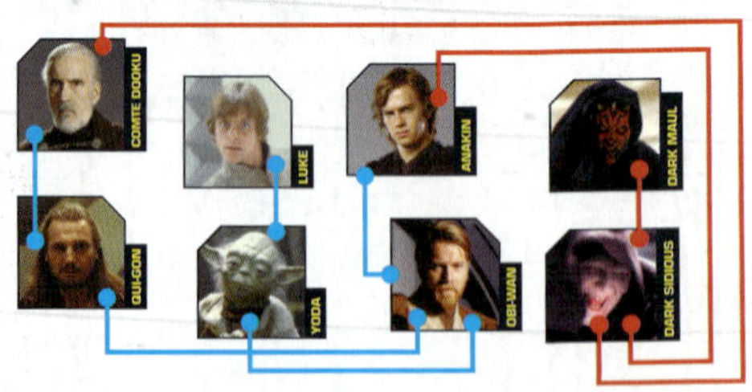

Page 26

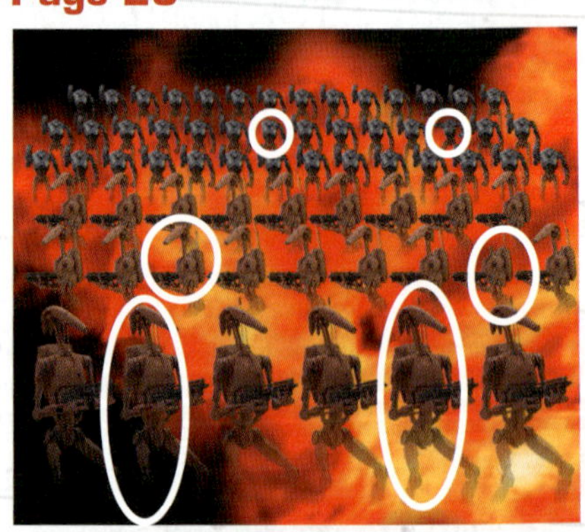

Page 29
MOTS MÊLÉS GALACTIQUES

B	S	A	M	T	C	W	E	L	S
U	G	A	I	L	P	S	N	Z	U
C	C	N	P	E	W	N	I	C	R
Q	M	A	M	Z	L	O	T	I	M
X	L	K	O	B	I	W	A	N	D
Y	W	I	S	D	I	U	P	F	B
V	O	N	L	N	C	A	L	J	F
A	K	A	D	M	A	F	A	U	S
A	A	U	M	K	X	T	P	U	S
B	C	C	K	I	T	H	O	J	G
G	Z	C	A	Z	D	V	Q	J	R
Y	K	G	A	B	E	A	B	U	I
C	E	T	U	B	W	Q	L	N	E
K	C	D	R	J	W	E	F	A	V
S	Q	G	J	Y	P	E	H	M	O
O	P	D	J	B	X	V	H	A	U
A	D	O	Y	J	C	R	P	C	S
D	A	M	I	D	A	L	A	Q	J
O	G	D	T	I	R	E	X	P	O
H	N	Z	A	Q	R	G	G	V	P

Page 31
RETROUVE GRIEVOUS

CODE : VICTOIRE
« Barbare »

Page 47
LE LABYRINTHE DE L'ÉTOILE NOIRE

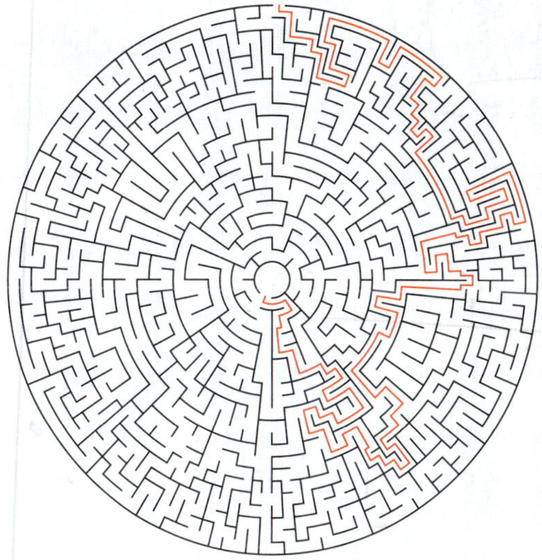

Page 33
ANAGRAMMES OBSCURES
Mace Windu
Yoda
Obi-Wan Kenobi
Qui-Gon Jinn
Sifo-Dyas
Ki-Adi-Mundi

LA NAISSANCE DE DARK VADOR
Phrase 1

Page 41
PERSONNAGES EN GROS PLAN
1. C-3PO
2. Luke Skywalker (pilote de X-Wing)
3. Han Solo
4. Dark Vador
5. Obi-Wan
6. Stormtrooper
7. Chewbacca
8. Comte Dooku

Page 43
SUDOKU D'OBI-WAN

B	A	N	W	I	O
I	O	W	N	B	A
N	B	A	O	W	I
O	W	I	B	A	N
W	I	O	A	N	B
A	N	B	I	O	W

Page 53
ES-TU AUSSI SAGE QUE YODA ?
1. Kashyyyk
2. Le *Faucon Millenium*
3. Transport Blindé Tout-Terrain

Page 55
REBELLE DANS DE LA CARBONITE
Dark Vador
Carbonite
Cité des Nuages
Boba Fett

LE QUIZ DU *FAUCON MILLENIUM*
1. A et C
2. VRAI
3. A
4. A

Page 57
UTILISE LA FORCE !
12 fois

LE CHEMIN VERS LE CÔTÉ OBSCUR
Le chemin C.

Page 59
LA RÈGLE DES DEUX
« Toujours par deux ils iront, ni plus ni moins. »

Page 61
CONNAIS TON ENNEMI
1. VRAI
2. FAUX
3. VRAI
4. VRAI
5. FAUX
6. FAUX

Page 63
COMPRENDRE YODA
« Il y a un autre Skywalker. »

Page 65
L'AIDE DES EWOKS

A	B	A	A	A	A	B	B	D	A
D	A	B	D	C	B	B	B	D	B
D	C	B	D	B	B	B	B	C	D
C	B	B	D	C	C	B	B	A	B
B	C	C	A	D	D	B	C	D	B
B	D	B	A	D	A	B	C	D	B
A	A	A	A	D	D	A	A	D	B
D	C	B	A	A	B	B	C	C	C
D	B	C	C	D	A	A	B	D	C
C	A	D	B	B	C	B	A	A	A

INDICES IMAGÉS
1. Monde
2. Un sur un million
3. Promesse brisée
4. Dernière chance

STAR WARS